Norme de l'industrie de la République populaire de Chine

中华人民共和国行业标准

Règles de Conception pour la Chaussée bitumée de Route

公路沥青路面设计规范

(法文版)

JTG D50—2017(F)

Organisation en charge de rédaction : Société chinoise des Travaux de Ponts et Chaussées, SARL
Département d'homologation : Ministère des Transports de la République populaire de Chine
Date de la mise en application : Le 01 septembre 2017

Société Maison d'Édition des Transports du Peuple, SA

人民交通出版社股份有限公司

Beijing

图书在版编目(CIP)数据

公路沥青路面设计规范：JTG D50—2017(F)：法文 / 中国路桥工程有限责任公司编译. — 北京：人民交通出版社股份有限公司, 2024.1

ISBN 978-7-114-18959-3

Ⅰ.①公… Ⅱ.①中… Ⅲ.①沥青路面—路面设计—设计规范—法文 Ⅳ.①U416.217-65

中国国家版本馆CIP数据核字(2023)第162054号

Catégorie de norme：Norme de l'industrie de la République populaire de Chine
Nom de norme：Règles de Conception pour la Chaussée bitumée de Route
Numéro de norme：JTG D50—2017(F)
Organisation en charge de rédaction：Société chinoise des Travaux de Ponts et Chaussées, SARL
Rédactrice responsable：Ding Yao
Édition et publication：Société Maison d'Édition des Transports du Peuple, SA
Adresse：N°3, Waiguanxiejie, Andingmenwai, District Chaoyang, Beijing, Chine (100011)
Site internet：http://www.ccpcl.com.cn
Tél：8610-59757973, 8610-85285930
Distribution générale：Service de distribution de la Société Maison d'Édition des Transports du Peuple, SA
Impression：Beijing Communications Printing Co., Ltd.
Format：880×1230 1/16
Feuille：9,75
Nombre de mots：340 mille
N° d'édition：Édition princeps en janvier 2024
N° d'impression：Première impression en janvier 2024
ISBN：978-7-114-18959-3
Prix fixe：300,00 yuan ($40,00)

(Tout livre ayant les problèmes de qualité d'impression et de reliure sera remplacé par et sous la responsabilité de la présente société.)

中华人民共和国交通运输部

公 告

第 36 号

交通运输部关于发布《公路工程抗震规范》等 7 项公路工程行业标准外文版的公告

为促进公路工程行业标准的对外交流,现发布《公路工程抗震规范》法文版[JTG B02—2013(F)]、《公路工程水文勘测设计规范》英文版[JTG C30—2015(E)]、《公路软土地基路堤设计与施工技术细则》英文版[JTG/T D31-02—2013(E)]、《公路排水设计规范》英文版[JTG/T D33—2012(E)]、《公路沥青路面设计规范》法文版[JTG D50—2017(F)]、《公路桥涵设计通用规范》法文版[JTG D60—2015(F)]、《公路隧道设计规范 第二册 交通工程与附属设施》英文版[JTG D70/2—2014(E)]等 7 项标准外文版。

标准外文版的管理权和解释权归中华人民共和国交通运输部,日常解释和管理工作均由主编单位中国路桥工程有限责任公司负责。

标准外文版与中文版如发生异议,以中文版为准。

如在执行过程中发现问题或有修改建议,请联系中国路桥工程有限责任公司,地址:北京市安定门外大街丙 88 号,邮政编码:100011,电子邮箱:kjb@crbc.com。

特此公告。

中华人民共和国交通运输部
2018 年 3 月 21 日

交通运输部办公厅　　　　　　　　　　　　　　2018 年 3 月 23 日印发

法文版编译出版说明

标准是人类文明进步的成果,是世界通用的技术语言,促进世界的互联互通。近年来,中国政府大力开展标准化工作,通过标准驱动创新、合作、绿色、开放的共同发展。在丝绸之路经济带与21世纪海上丝绸之路,即"一带一路"倡议的指引下,为适应日益增长的全球交通运输发展的需求,增进世界连接,促进知识传播与经验分享,中华人民共和国交通运输部组织编译并发布了一系列中国公路行业标准外文版。

中华人民共和国交通运输部发布的公路工程行业标准代号为JTG,体系范围包括公路工程从规划建设到养护管理和运营全过程所需要制定的技术、管理与服务标准,也包括相关的安全、环保和经济方面的评价等标准。

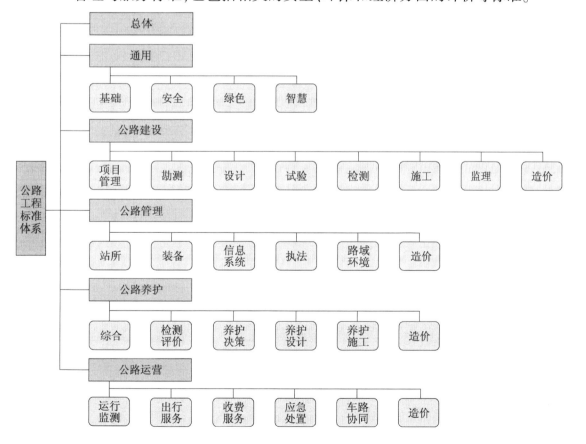

《公路沥青路面设计规范》(JTG D50—2017)在 JTG 标准规范体系中占有重要位置。其中文版于2017年9月1日实施。本法文版的修订工作经中华人民共和国交通运输部及中华人民共和国住房和城乡建设部委托由中国路桥工程有限责任公司主持完成,并由中华人民共和国交通运输部公路局组织审定。

本法文版标准的内容与现行中文版一致,当出现异议时,以中文版为准。

感谢本标准中文版主要参编人员白琦峰先生在本法文版编译与审定期间给予的协助与支持。

如在执行过程中发现问题或有任何修改建议,请函告法文版主编单位(地址:北京市安定门外大街丙88号,邮编:100011,传真:8610-64285907,电子邮箱:kjb@crbc.com),以便修订时研用。

法文版主编单位:中国路桥工程有限责任公司

法文版主编:陈道才,文岗

法文版副主编:梁永伦

法文版主审:Domguia Kaam Alain Flaubert

法文版参与审查人员:刘宁,Ossian Heulin

Annonce du Ministère des Transports de la République populaire de Chine

N°36

Annonce du Ministère des Transports sur la publication de sept normes de l'industrie routière en langues étrangères

Afin de promouvoir l'échange international des normes de l'industrie routière, les sept normes chinoises ci-dessous sont publiées en langues étrangères :

La version française de « Règles parasismiques pour la Construction routière », JTG B02—2013 (F) ;

La version anglaise de « Règles pour les Investigations et Études hydrologiques des Travaux routiers », JTG C30—2015 (E) ;

La version anglaise de « Spécifications d'Étude et de Construction de Route sur les Fondations en Sol souple », JTG/T D31-02—2013 (E) ;

La version anglaise de « Règles des Études de Drainage routier », JTG/T D33—2012 (E) ;

La version française de « Règles de Conception pour les Chaussées bitumées », JTG D50—2017 (F) ;

La version française de « Règles générales de Conception pour les Ouvrages d'Art routiers », JTG D60—2015 (F) ;

La version anglaise de « Règles de Conception des Tunnels routiers, Volume 2, l'Ingénierie de Trafic et d'Installations auxiliaires », JTG D70/2—2014(E).

La gestion et l'interprétation des versions en langues étrangères des normes ci-dessus sont du ressort du Ministère des Transports de la République populaire de Chine. La gestion quotidienne et l'interprétation relèvent de la responsabilité de China Road and Bridge Corporation, l'institut principal de rédaction.

En cas d'opposition entre les versions en langues étrangères et les versions chinoises de ces normes, les versions chinoises prévaudront.

Tous les organismes concernés sont priés de résumer leur expérience pratique et d'informer en temps voulu China Road and Bridge Corporation (Adresse : N°88, Boulevard Andingmenwai, Dongcheng District, Beijing, Chine ; Code Postal : 100011 ; E-mail : kjb@crbc.com) des problèmes et des suggestions de modification afin de faciliter l'étude de la révision.

La présente annonce est publiée par

Ministère des Transports de la République populaire de Chine
le 21 mars 2018

Bureau du Ministère des Transports   Imprimée et publiée le 23 mars 2018

Annonce du Ministère des Transports de la République populaire de Chine

N°10

Annonce du Ministère des Transports sur la publication des
Règles de Conception pour la Chaussée bitumée de Route

Les présentes *Règles de Conception pour la Chaussée bitumée de Route* (JTG D50—2017) sont publiées comme l'une des normes de l'industrie des travaux routiers, elles sont entrées en application à partir du 1er septembre 2017. Les précédentes *Règles de Conception pour la Chaussée bitumée de Route* (JTG D50—2006) sont par conséquent abrogées.

La Société technique des Ponts et Chaussées de CCCC, SARL est chargée de la rédaction des *Règles de Conception pour la Chaussée bitumée de Route* (JTG D50—2017). Le Ministère des Transports se réserve les droits d'administration et d'interprétation de la norme, la Société technique des Ponts et Chaussées de CCCC, SARL est en charge des explications pour l'application de la norme et sa gestion courante.

Les commentaires, suggestions et questions sont bienvenues et doivent être adressées à la Société technique des Ponts et Chaussées de CCCC, SARL pour servir de référence en cas de révision (Adresse : N° D-88, Boulevard Andingmenwai, District de Dongcheng, Jiangsu Building, Beijing, Chine ; Code postal : 100011).

La présente annonce est publiée par

Ministère des Transports de la République populaire de Chine
le 20 mars 2017

Bureau du Ministère des Transports   Imprimée et publiée le 22 mars 2017

Explication de rédaction, traduction et publication de la version française

Les normes sont les fruits du progrès de la civilisation humaine, elles sont une langue technique universelle du monde dans le but de promouvoir l'interconnexion et l'interopérabilité du monde. Depuis ces dernières années, le gouvernement chinois a mené vigoureusement le travail de normalisation, par le biais de normes pour favoriser le développement en commun de l'innovation, de la coopération, du vert et de l'ouverture. À la lumière de l'initiative de « la Ceinture économique de la Route de la Soie » et de « la Route de la Soie maritime du 21e siècle », à savoir sous l'initiative de « la Ceinture et la Route », pour répondre aux exigences croissantes du développement mondial des transports, accroître la connexion mondiale, et promouvoir la diffusion des connaissances et le partage de l'expérience, le Ministère des Transports de la République populaire de Chine a organisé des rédactions, traductions et publications en versions de la langue étrangère d'une série des normes industrielles de construction routière.

Le code de normes industrielles de construction routière promulguées par le Ministère des Transports de la République populaire de Chine est JTG, le domaine du système des normes comprend les normes techniques, gestionnaires et des services nécessaires à établir dans tout le processus de la construction routière à partir de la planification, construction jusqu'à l'entretien et exploitation, et également compris les normes relatives à l'évaluation sur les plans de la sécurité, de la protection de l'environnement et de l'économie.

Les *Règles de Conception pour la Chaussée bitumée de Route* (JTG D50—2017) est un document composant important du système des normes et règles JTG. Parmi lesquelles, la version chinoise a été mise en application le 1er septembre 2017. La présente version française est confiée par le Ministère des Transports et le Ministère d'Habitat et de Construction urbaine et rurale de la République populaire de Chine à la Société chinoise des Travaux de Ponts et Chaussées, SARL pour mener à bonne fin. Pour laquelle la Direction des Routes du Ministère des Transports de la République populaire de Chine est chargée de la vérification.

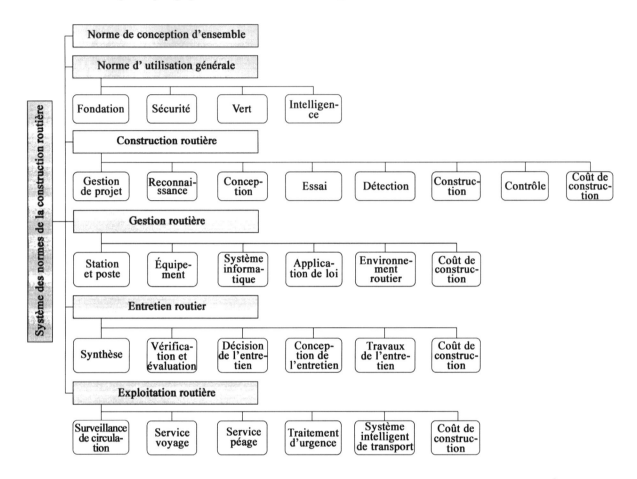

Le contenu de la présente norme en version française est conforme à la version chinoise. En cas d'objection, la version chinoise fait foi.

Nous tenons à remercier M. Bai Qifeng rédacteur de la présente norme en version chinoise pour les assistances et soutiens accordés lors de la rédaction, traduction et vérification de la présente version française.

Dans les applications, toutes observations, recommandations et questions sont les bienvenues et doivent être adressées à l'organisation en charge de rédaction de la version française pour servir de référence en cas de révision (Adresse : N° C-88, Boulevard Andingmenwai, Beijing ; Code postal : 100011 ; Téléfax : 8610-64285907 ; E-mail : kjb@crbc.com).

Organisation en charge de rédaction en version française :
    Société chinoise des Travaux de Ponts et Chaussées, SARL

Rédacteurs-traducteurs en chef de la version française :
  Chen Daocai, Wen Gang

Rédacteur-traducteur en chef adjoint de la version française : Liang Yonglun

Réviseur en chef de la version française : Domguia Kaam Alain Flaubert

Réviseurs de la version française : Liu Ning, Ossian Heulin

Préambule de la version chinoise

Se référant au perpétuel du développement de la construction routière, de l'élévation du niveau technique de la chaussée bitumée, de la mise en application des nouveaux matériaux et des nouvelles structures ainsi que de l'accumulation des expériences de l'ingénierie, une partie de contenu des *Règles de Conception pour la Chaussée bitumée de Route* (JTG D50—2006) (ci-après dénommées en abréviation les précédentes règles) est nécessaire d'être révisée et perfectionnée. D'après les exigences de la Circulaire ministérielle MTC-Route N° 115 [2011] relative à la publication d'un plan de travail sur l'établissement et la révision des normes des travaux routiers pour l'exercice 2011 produit par le Ministère des Transports, la Société technique des Ponts et Chaussées de CCCC, SARL est chargée de la révision de précédentes règles.

Basées sur les résultats de recherches et les pratiques de l'ingénierie depuis ces dernières années à l'intérieur comme à l'extérieur de Chine, les présentes règles, tout en suivant le principe de combinaison de l'héritage avec le développement, ont procédé à la révision sur les paramètres du trafic, du climat, de la conception, des indicateurs de conception ainsi que des modèles de performances corrélatives des précédentes règles.

Les présentes règles sont composées de huit chapitres et de sept annexes, les principaux contenus comprennent : les crìtres de conception, les conceptions de combinaison des structures, les exigences de performance des matériaux et leur paramètres de conception, les vérifications des structures de la chaussée, les conceptions de reconstruction et de revêtement de tablier de ponts, etc. Par rapports aux précédentes règles, les principaux changements sont les suivants :

1. Les méthodes d'enquête et d'analyse des spectres de charge par essieu et des paramètres du trafic ont été normalisées.

2. Le coefficient de réglage de température et la température équivalente ont été introduits.

3. Les paramètres de conception des matériaux de la chaussée ont été changés, les méthodes de test et de prise de valeur correspondantes ont été réajustées.

4. Les quantités de déformation permanente des couches de mélanges bitumineux, les indicateurs de conception des déformations de compression verticales de la partie supérieure de plate-forme et des indices de fissuration à basse température de la chaussée ont été ajoutés, les modèles de prévision de la fissuration à la fatigue pour la couche de mélanges bitumineux et la couche stabilisée aux liants inorganiques ont été améliorés et les indicateurs de conception de déflexion de la surface de chaussée ont été annulés.

5. L'arrangement des chapitres a été trié, les exigences de conception de la combinaison structurale ont été mises en évidence tandis que les terminologie et symboles ont été normalisés.

Les chapitres 1, 2 et 3 des présentes règles sont rédigés par M. Liu Boying, tandis que le chapitre 4 est rédigé par M. Meng Shutao, le chapitre 5, par M. Niu Kaimin, le chapitre 6 et l'Annexe B, par M. Bai Qifeng, le chapitre 7, par M. Cao Rongji, le chapitre 8, l'Annexe D et l'Annexe E, par M. Wang Lin, l'Annexe A, par M. Zhao Yanqing, l'Annexe C, par M. Yang Xueliang, l'Annexe F, par M. Sun Lijun, l'Annexe G, par M. Tan Zhiming, les textes corrélatifs à l'analyse de déflexion de la chaussée sont élaborés par M. Tang Boming, les textes corrélatifs à l'analyse de la fissuration due à la basse température de la chaussée, par M. Feng Decheng, les paramètres mécaniques des matériaux comme les liants hydrocarbonés et les textes corrélatifs à l'analyse de la fatigue de couche de mélange bitumineux, par M. Yu Jiangmiao, et M. Zhao Duijia a contribué à l'élaboration d'une partie de textes du chapitre 5, alors que M. Tai Diancang a participé à la rédaction d'une partie de textes de l'Annexe C.

Les commentaires, suggestions et questions sont bienvenues et doivent être adressées à la Société technique des Ponts et Chaussées de CCCC, SARL pour servir de référence en cas de révision (Adresse : N°D-88, Boulevard Andingmenwai, District de Dongcheng, Jiangsu Building, Beijing, Chine ; Code postal : 100011; Tél : 010-82016573 ; Fax :

010-82016573 ; E-mail : goodpave@163.com ; Site internet : www.goodpave.com ; Wechat numéro public : goodpave).

Organisation en charge de rédaction en version chinoise :
 Société technique des Ponts et Chaussées de CCCC, SARL

Organisations ayant contribué à la rédaction :
 Académie des sciences de routes du Ministère des Transports
 Université de Tongji
 Académie des sciences de transport de la province de Jiangsu, SA
 Université des Communications de Chongqing
 Université de technologie du Sud de la Chine
 Université de technologie de Dalian
 Académie des sciences de transport de la province de Shandong
 Institut de Planification et d'Étude des Routes de CCCC, SARL
 Institut de technologie de Harbin
 Académie des sciences de transport de la province de Shanxi
 Institut de Recherche et d'Étude des Routes N°1 de CCCC, SARL

Rédacteur en chef de la version chinoise : Liu Boying

Personnel principal ayant contribué à la rédaction :

Meng Shutao	Niu Kaimin	Sun Lijun	Tan Zhiming
Cao Rongji	Tang Boming	Bai Qifeng	Yu Jiangmiao
Zhao Yanqing	Wang Lin	Yang Xueliang	Feng Decheng
Zhao Duijia	Tai Diancang		

Réviseur en chef de la version chinoise : Wang Binggang

Personnel ayant contribué à la révision :

Li Hua	Cheng Ping	Yang Shengfu	Yao Zukang
Zheng Jianlong	Qian Guochao	Wang Zheren	Zhang Xiaoning

Personnel de participation :

Wei Jincheng	Fu Jiancun	Li Hao
Zhu Hongzhou	Han Ping	Zhang Xiaoyan

Table des matières

		Page
1	**Dispositions générales**	1
2	**Terminologie et symbole**	3
	2.1 Terminologie	3
	2.2 Symbole	4
3	**Critère de conception**	6
4	**Conception de combinaison des structures**	9
	4.1 Règlement général	9
	4.2 Combinaison structurale de la chaussée	10
	4.3 Plate-forme	11
	4.4 Couche de base et couche de fondation	11
	4.5 Couche de surface	14
	4.6 Couche fonctionnelle	15
	4.7 Accotement	16
	4.8 Drainage de la chaussée	16
5	**Exigences des propriétés de matériaux et paramètres de conception**	18
	5.1 Règlement général	18
	5.2 Plate-forme	19
	5.3 Matériaux granulaires	19
	5.4 Matériaux stabilisés aux liants inorganiques	21
	5.5 Matériaux aux liants bitumineux	24
	5.6 Coefficient de Poisson	30
6	**Vérification de structure de la chaussée**	31
	6.1 Règlement général	31
	6.2 Indicateurs de conception	31
	6.3 Paramètres de trafic, de matériaux et d'environnement	33
	6.4 Processus de vérification des structures de chaussée	34
7	**Conception de reconstruction**	37
	7.1 Règlement général	37
	7.2 Enquête et analyse de la chaussée existante	37

		7.3	Solution de reconstruction	39
		7.4	Vérification des structures de la chaussée reconstruite	40
8	Conception de revêtement du tablier de pont			44
		8.1	Règlement général	44
		8.2	Revêtement du tablier de pont en béton de ciment	44
		8.3	Revêtement du tablier de pont métallique	46

Annexe A	Analyse des paramètres de charges de trafic	47
Annexe B	Méthode de vérification de la structure de chaussée	56
Annexe C	Solution structurale de la chaussée bitumée	68
Annexe D	Méthode d'essai de module de résilience de matériaux granulaires	71
Annexe E	Méthode d'essai de module de compression uniaxiale des matériaux stabilisés aux liants inorganiques	79
Annexe F	Méthode d'essai de résistance à la pénétration uniaxiale des mélanges bitumineux	84
Annexe G	Coefficient de réglage de la température et la température équivalente	89
Explication sur les mots utilisés dans les présentes règles		96

Explications sur les articles			97
1	Dispositions générales		99
3	Critère de conception		100
4	Conception de combinaison des structures		103
5	Exigences des propriétés de matériaux et paramètres de conception		109
6	Vérification de structure de la chaussée		115
7	Conception de reconstruction		117
8	Conception de revêtement du tablier de pont		123
	Annexe A	Analyse des paramètres de charges de trafic	125
	Annexe B	Méthode de vérification de la structure de chaussée	128
	Annexe C	Solution structurale de la chaussée bitumée	133
	Annexe D	Méthode d'essai de module de résilience de matériaux granulaires	134
	Annexe G	Coefficient de réglage de la température et la température équivalente	135

1 Dispositions générales

1.0.1　Les présentes règles sont établies pour répondre au besoin de développement de l'industrie et de la construction routière, promouvoir la qualité de conception de la chaussée bitumée et la performance d'utilisation et assurer la sécurité et la fiabilité des travaux ainsi que la rationnalité économique.

1.0.2　Les présentes règles sont applicables à la conception de la chaussée bitumée en construction neuve et en amélioration des routes classées.

1.0.3　Il faut procéder à la combinaison des structures, à la conception de matériaux et de l'épaisseur et sélectionner par l'analyse technico-économique la solution de conception selon la classe de route, les exigences de performance d'utilisation de la chaussée et les charges de trafic à satisfaire, en associant la climatologie, l'hydrologie, la géologie, les matériaux, les conditions de construction et d'entretien ainsi que les expériences pratiques de l'ingénierie et les exigences de protection d'environnement, etc.

1.0.4　La plate-forme support de la route doit satisfaire aux exigences de module de résilience minimum, et avoir un type sec-humide convenable du sol. Il faut procéder à la conception synthétique de la plate-forme et de la chaussée sur la base de l'enquête et de la maîtrise de qualité du sol et de type sec ou humide de plate-forme le long du tracé.

1.0.5　Il faut employer activement et en toute sécurité la nouvelle technique, la nouvelle structure, les nouveaux matériaux et la nouvelle technologie, en association avec la condition locale et l'expérience d'ingénierie.

1.0.6　Pour la conception de la chaussée dans les zones spéciales telles que le désert, le sol gonflant et le sol salin, etc., en déhors du fait qu'il faut se conformer aux prescriptions concernées des présentes règles, il faut également prendre en compte les particularités de la zone locale, adopter des mesures techniques correspondantes en associant les expériences et les résultats de la région.

1.0.7 Pour la conception de la chaussée bitumée, en déhors du fait qu'il faut se conformer aux prescriptions concernées des présentes règles, elle devra être conforme aux stipulations concernées des normes et règles nationales ou industrielles en vigueur.

2 Terminologie et symbole

2.1 Terminologie

2.1.1 Chaussée bitumée
Il s'agit d'une chaussée revêtue d'une couche de surface bitumineuse.

2.1.2 Fiabilité
C'est une probabilité pour laquelle la structure de la chaussée satisfasse les fonctions prévues dans le temps prescrit et sous la condition stipulée. La fiabilité exigeant à une structure de conception d'être atteinte est considérée comme une fiabilité ciblée.

2.1.3 Indice de fiabilité
Il s'agit d'un indice numérique pour mesurer la fiabilité d'une structure de chaussée. L'indice de fiabilité, pris comme la base de conception de la structure de chaussée stipulée par les présentes règles est appelé l'indice de fiabilité ciblée.

2.1.4 Durée d'utilisation de la conception de chaussée
C'est une durée d'usage prévue dans laquelle, la chaussée n'est pas nécessaire de faire l'objet d'une maintenance à caractère structural dans les conditions normales de conception, d'exécution des travaux, d'utilisation et d'entretien.

2.1.5 Charge par essieu de conception
C'est la charge par essieu de calcul à utiliser pour la conception structurale de la chaussée.

2.1.6 Nombre d'essieux équivalent
D'après le principe d'endommagement équivalent, il s'agit de faire convertir le nombre d'actions de différentes charges par essieu en nombre d'actions équivalent de charges par essieu de calcul pour la conception.

2.1.7　Nombre d'actions cumulatif de charge par essieu de conception équivalente

C'est une somme totale de nombre d'essieux équivalent sur la voie de circulation de conception dans la durée d'utilisation de projet.

2.1.8　Couche de scellement

Il s'agit d'une couche fonctionnelle destinée à empêcher l'infiltration de l'eau dans la couche de structure.

2.1.9　Couche d'accrochage

C'est une couche fonctionnelle qui joue un rôle d'une action d'adhésion dans les structures de chaussée.

2.1.10　Couche d'imprégnation

Il s'agit d'une couche fonctionnelle, utilisée sur une couche en matériaux non bitumineux, pouvant pénétrer la surface à une certaine profondeur, dans le but de renforcer l'intégrité de la couche en matériaux non bitumineux avec la couche en mélanges bitumineux.

2.1.11　Couche de drainage

C'est en effet une couche fonctionnelle destinée à évacuer les eaux internes des structures de la chaussée.

2.1.12　Couche de protection contre le gel

C'est une couche fonctionnelle aménagée selon l'exigence de protection contre le gel dans la structure de la chaussée.

2.1.13　Humidité d'équilibre de la plate-forme

Il s'agit d'une humidité de plate-forme qui se trouve dans un état stable en équilibre avec le milieu environnant.

2.1.14　Indice de fissuration à basse température

C'est un indicateur qui manifeste le degré de fissuration dû au retrait par la basse température sur la couche de la surface bitumineuse.

2.2　Symbole

CI—Indice de fissuration due à la basse température ;

E —Module ;

G^*—Module de cisaillement complexe dynamique de bitume ;

h—Épaisseur ;

l—Valeur de déflexion ;

N—Nombre d'actions de charge par essieu ;

P—Charge par essieu ;

R—Résistance ;

R_a—Quantité de déformation permanente de la couche en mélanges bitumineux ;

S_t—Module de rigidité de bitume ;

s—Différence de référence ;

T—Température ;

ε—Déformation ;

σ—Contrainte ;

β—Indice de fiabilité ciblée.

3 Critère de conception

3.0.1 La fiabilité ciblée et l'indice de fiabilité ciblée des structures de la chaussée ne doivent pas être inférieurs aux prescriptions du tableau 3.0.1.

Tableau 3.0.1 Fiabilité ciblée et indice de fiabilité ciblée

Classe de route	Autoroute	Route de 1ère classe	Route de 2ème classe	Route de 3ème classe	Route de 4ème classe
Fiabilité ciblée (%)	95	90	85	80	70
Indice de fiabilité ciblée β	1,65	1,28	1,04	0,84	0,52

3.0.2 Les durées d'utilisation de la conception des structures de la chaussée en construction neuve ne doivent pas être inférieures aux exigences du tableau 3.0.2, elles doivent être determinées synthétiquement selon les facteurs tels que la classe de route, les niveaux économiques et de charges de trafic etc. Tandis que pour la conception structurale de la chaussée reconstruite, il est possible de choisir la durée d'utilisation de la conception selon la situation réelle de l'ingénierie.

Tableau 3.0.2 Durées d'utilisation de la conception des structures de la chaussée (année)

Classe de route	Durée d'utilisation de conception	Classe de route	Durée d'utilisation de conception
Autoroute et route de 1ère classe	15	Route de 3ème classe	10
Route de 2ème classe	12	Route de 4ème classe	8

3.0.3 Pour la conception de la chaussée, il faut prendre la charge par essieu de 100 kN à essieu simple—groupe de double roue comme la charge par essieu de projet, les paramètres de calcul sont déterminés selon le tableau 3.0.3. Il faut déterminer le nombre d'actions cumulatif de charges par essieu de conception équivalente selon la durée d'utilisation de projet pour la structure de la chaussée et d'après l'Annexe A des présentes règles.

Tableau 3.0.3   Paramètres de charges par essieu de projet

Charge par essieu de projet (kN)	Pression de pneu au contact du sol (MPa)	Diamètre de cercle équivalent d'un pneu simple au contact du sol (mm)	Distance entraxe des deux roues (mm)
100	0,70	213,0	319,5

3.0.4   Les charges de trafic supportées par la structure de la chaussée doivent être classifiées selon le tableau 3.0.4.

Tableau 3.0.4   Niveaux de charges de trafic de projet

Niveau de charges de trafic de projet	Extrêmement lourd	Spécialement lourd	Lourd	Moyennement lourd	Léger
Volume de trafic de cars et de camions de grande dimension sur les voies de circulation dans la durée d'utilisation de projet ($\times 10^6$)	≥50,0	50,0 à 19,0	19,0 à 8,0	8,0 à 4,0	<4,0

Note : Les cars et les camions de grande dimension désignent les véhicules de type 2 listés dans l'Annexe A, tableau A.1.2.

3.0.5   Dans la conception de la chaussée bitumée, il faut contrôler les endommagements dûs respectivement à la fatigue de la couche de mélange bitumineux et à la fatigue de la couche stabilisée aux liants inorganiques, la quantité de la déformation permanente de couche de mélange bitumineux et la déformation de compression verticales de la partie supérieure de plate-forme ainsi que les fissurations dues à la basse température de la chaussée dans la zone du sol gelé saisonnière.

3.0.6   Les indicateurs de conception de la performance d'utilisation de la chaussée doivent satisfaire aux exigences suivantes :

1   La durée de vie de fissuration due à la fatigue de la couche de mélange bitumineux et de la couche stabilisée aux liants inorganiques, calculée selon l'Annexe B.1 et l'Annexe B.2 des présentes règles ne doit pas être inférieure au nombre d'actions cumulatif des charges par essieu pour conception équivalente, déterminé selon l'Annexe A des présentes règles dans la durée d'utilisation de projet.

2   La quantité de déformation permanente de la couche de mélanges bitumineux, calculée selon l'Annexe B.3 des présentes règles ne doit pas être supérieure à celle de la déformation permanente admissible listée dans le tableau 3.0.6-1.

**Tableau 3.0.6-1   Quantité de la déformation permanente admissible
de la couche en mélange bitumineux (mm)**

Type de couche de base	Quantité de la déformation permanente admissible de couche en mélange bitumineux	
	Autoroute, route de $1^{\text{ère}}$ classe	Routes de $2^{\text{ème}}$, de $3^{\text{ème}}$, et de $4^{\text{ème}}$ classe
Couche de base stabilisée aux liants inorganiques, couche de base en béton de ciment et couche de base de mélanges bitumineux sur la couche de fondation stabilisée aux liants inorganiques	15	20
Autre couche de base	10	15

3   La déformation de compression verticale de la partie supérieure de la plate-forme ne doit pas être supérieure à la valeur admissible calculée selon l'Annexe B.4 des présentes règles.

4   Pour l'indice de fissuration à basse température de la couche de surface bitumée dans la zone de sol gelé saisonnière, calculé selon l'Annexe B.5 des présentes règles, il ne convient pas d'être supérieur à la valeur numérique listée dans le tableau 3.0.6-2.

Tableau 3.0.6-2   Exigences d'indice de fissuration à basse température

Classe de route	Autoroute et route de $1^{\text{ère}}$ classe	Route de $2^{\text{ème}}$ classe	Routes de $3^{\text{ème}}$ et de $4^{\text{ème}}$ classe
Indice de fissuration à basse température CI, il ne sera pas supérieur à :	3	5	7

Note : Indice de fissuration à basse température CI — désigne le nombre de passes de fissurations transversales dans une unité d'enquête de 100 m, lors de réception des travaux, la fissure traversant toute la bande est comptée comme une passe de fissure, pour la fissure qui n'a pas traversé la bande, mais dépassé la largeur d'une voie de circulation, elle est comptée comme 0,5 passe de fissure, la fissure qui ne dépasse pas la largeur d'une voie de circulation ne sera pas comptée.

3.0.7   Lors de la réception des chaussées pour les autoroutes et routes de première classe, ainsi que pour les routes de $2^{\text{ème}}$ et de $3^{\text{ème}}$ classe qui se trouvent dans les zones de montagne et de grandes collines, leurs indicateurs techniques de résistance au glissement doivent satisfaire aux exigences techniques du tableau 3.0.7.

Tableau 3.0.7   Exigences techniques de résistance au glissement

Precipitation moyenne annuelle (mm)	Valeur d'indices de test lors de réception des travaux	
	Coefficient de force transversale SFC_{60} [a]	Profondeur structurale TD [b] (mm)
>1 000	⩾ 54	⩾ 0,55
500 à 1 000	⩾ 50	⩾ 0,50
250 à 500	⩾ 45	⩾ 0,45

Note : [a] Coefficient de force transversale SFC_{60}—employer le véhicule de test de coefficient de force transversale, et mesurer à la vitesse 60 km/h ±1 km/h.

[b] Profondeur structurale TD—mesurer avec le methode de sablage.

4 Conception de combinaison des structures

4.1 Règlement général

4.1.1　La conception de combinaison des structures de la chaussée doit viser les propriétés mécaniques des combinaisons structurales de différentes chaussées, les caractéristiques fonctionnelles et la loi de dégradation des propriétés à long terme ainsi que les particularités d'endommagement, tout en suivant l'idée de la conception synthétique de la plate-forme et de la chaussée, en assurant la sécurité, la durabilité et la rationalité économique pendant tout le cycle de vie de la structure de chaussée.

4.1.2　La structure de la chaussée peut être composée de couche de surface, de couche de base, de couche de fondation et de couches fonctionnelles nécessaires. Quand la couche de surface est construite par couche avec les différents matériaux, elle peut être divisée en couche de surface supérieure, en couche de surface intermédiaire et en couche de surface inférieure.

4.1.3　Pendant la durée d'utilisation de projet, la chaussée ne doit pas se produire les endommagements de la structure dûs à la fatigue, alors que la couche de surface peut se faire une restauration de la fonction superficielle.

4.1.4　Entre les couches de matériaux traités aux liants hydrocarbonés, il faut disposer une couche d'accrochage ; entre la couche de matériaux traités aux liants bitumineux et la couche en autres matériaux, il faut aménager une couche de scellement, et en plus, il convient d'aménager une couche d'imprégnation.

4.1.5　Il faut prendre des mesures de protection contre l'eau et de drainage dans les structures de la chaussée pour empêcher la précipitation d'infiltrer dans les structures de la chaussée.

4.2 Combinaison structurale de la chaussée

4.2.1 Le type de structure de la chaussée doit être sélectionné selon les facteurs tels que le niveau de charge de trafic, l'état de plate-forme etc. en associant les propriétés de matériaux de la chaussée et les caractéristiques de la structure.

4.2.2 Le type de structure de la chaussée peut être divisé en 4 catégories de chaussée selon les propriétés de matériaux de couches de base, à savoir les chaussées bitumées sur la couche de base en matériaux stabilisés aux liants inorganiques, sur la couche de base en matériaux granulaires, sur la couche de base en matériaux aux liants bitumineux et sur la couche de base en béton de ciment.

4.2.3 Il convient que le choix de la structure de chaussée soit conforme aux prescriptions suivantes :

1 La chaussée bitumée sur la couche de base en matériaux stabilisés aux liants inorganiques est applicable aux différents niveaux de charges de trafic.

2 La chaussée bitumée sur la couche de base en matériaux granulaires est applicable aux niveaux de charges de trafic lourds et inférieurs.

3 La chaussée bitumée sur la couche de base en matériaux aux liants hydrocarbonés est applicable aux différents niveaux de charges de trafic.

4 La chaussée bitumée sur la couche de base en béton de ciment est applicable aux niveaux de charges de trafic lourds et supérieurs.

4.2.4 Lorsque l'état d'humidité de plate-forme se trouve en état moyennement humide ou humide, il convient d'adopter la couche de fondation ou la couche d'amélioration en matériaux granulaires.

4.2.5 Dans la région pluvieuse, pour les chaussées bitumées sur les couches de base en matériaux stabilisés aux liants inorganiques et en béton de ciment, il faut prendre des mesures afin de diminuer les endommagements dûs à l'eau tels que par le pompage de boue et le détachement en vide.

4.2.6 Quand la couche de base en matériaux stabilisés aux liants inorganiques est adoptée, il est possible de prendre l'une ou plusieurs mesures suivantes pour diminuer la fissuration due au retrait de la couche de base et la fissure de réflexion de la chaussée :

1 Sélectionner la couche de base stabilisée aux liants inorganiques dont la résistance à la fissuration est bonne.

2 Augmenter l'épaisseur de couche de mélanges bitumineux ou disposer une couche en pierres concassées ou une couche en pierres cassées graduées sur la couche de base en matériaux stabilisés aux liants inorganiques.

3 Disposer une couche d'absorption de contrainte de bitume modifié sur la couche de base stabilisée aux liants inorganiques ou y poser les matériaux géosynthétiques.

4.2.7 Après la sélection de combinaison structurale, il est possible de choisir préliminairement les épaisseurs de différentes couches structurales selon les niveaux de charge de trafic et en se référant à l'Annexe C des présentes règles.

4.3 Plate-forme

4.3.1 La plate-forme support de route doit être stable, compact et uniforme et avoir une capacité portante suffisante.

4.3.2 Sur le tronçon de déblai en sol et le tronçon de route en roche fortement altérée dans la région pluvieuse, il faut renforcer la conception de drainage aux endroits de l'interface remblai-déblai et du tronçon de route en déblai pour améliorer les états hydrologiques de la plate-forme.

4.3.3 Sur la partie supérieure de la plate-forme en roche ou en remplissage de pierres, il faut aménager une couche de nivellement, l'épaisseur convient d'être de 200 mm à 300 mm.

4.3.4 Le lit de la route en construction neuve doit se trouver en état sec ou en état moyennement humide et il faut prendre des mesures pour éviter l'eau superficielle ou souterraine d'y pénétrer.

4.4 Couche de base et couche de fondation

4.4.1 La couche de base et la couche de fondation doivent avoir une capacité portante suffisante, une propriété de résistance à la fissuration due à la fatigue et une durabilité ainsi qu'une insensibilité à l'eau suffisante. Tandis que pour les couches de base en matériaux aux liants bitumineux et en matériaux granulaires, il faut avoir encore une capacité suffisante de résistance à la déformation permanente.

4.4.2 Pour les types de matériaux de la couche de base et de la couche de fondation, il est possible de faire la sélection en se référant au tableau 4.4.2.

Tableau 4.4.2 Niveau de charge de trafic et niveau de couche applicables aux matériaux de couche de base et de couche de fondation

Type	Type de matériaux	Applicables au niveau de charge de trafic et au niveau de couche
Matériaux stabilisés aux liants inorganiques	Pierres cassées ou graviers gradués stabilisés au ciment Pierres cassées ou graviers gradués stabilisés au ciment-cendre de charbon Pierres cassées ou graviers stabilisés aux chaux-cendre de charbon	Couches de base et couches de fondation de différents niveaux de charges de trafic
	Pierres cassées ou graviers non tamisés, stabilisés au ciment Pierres cassées ou graviers non tamisés, stabilisés aux chaux-cendres de charbon Pierres cassées ou graviers non tamisés stabilisés aux chaux	Couche de base de niveau de charge de trafic léger Couches de fondation de différents niveaux de charges de trafic
	Sol stabilisé au ciment Sol stabilisé aux chaux Sol stabilisé aux chaux-cendres de charbon	Couche de base de niveau de charge de trafic léger Couches de fondation de différents niveaux de charges de trafic
Matériaux granulaires	Pierres cassées graduées	Couche de base de niveaux de charges de trafic lourds et inférieurs Couches de fondation de différents niveaux de charges de trafic
	Graviers gradués Pierres cassées non tamisées Granulats naturels Pierres cassées de remplissage des vides	Couche de base de niveaux de charges de trafic moyens et légers Couches de fondation de différents niveaux de charges de trafic
Matériaux aux liants bitumineux	Grave-bitume à granulométrie serrée Grave-bitume à granulométrie semi-ouverte Grave-bitume à granulométrie ouverte	Couche de base de niveaux de charges de trafic extrêmement lourds, spécialement lourds et lourds
	Macadam traité par pénétration	Couche de base de niveaux de charges de trafic lourds et inférieurs
Béton de ciment	Béton de ciment ou béton pauvre en ciment	Couche de base de niveaux de charges de trafic extrêmement lourds et spécialement lourds

4.4.3 Le mélange bitumineux récupéré et les matériaux stabilisés aux liants inorganiques recyclés peuvent être utilisés pour les couches de base et les couches de fondation de différents niveaux de charges de trafic, il convient que le mélange d'asphalte à chaud recyclé préparé à l'usine soit utilisé pour les couches de base de niveaux de charges de trafic extrêmement lourds, spécialement lourds et lourds.

4.4.4 Entre la couche en matériaux stabilisés aux liants inorganiques et la couche en matériaux de mélange bitumineux, il est possible de disposer une couche de pierres cassées graduées, de macadam bitumineux à granulométrie semi-ouverte ou ouverte.

4.4.5 Il convient que les épaisseurs de couche de base et de couche de fondation en différents matériaux soient conformes aux prescriptions de tableau 4.4.5.

Tableau 4.4.5　Épaisseurs de couche de base et de couche de fondation

Type de matériau	Grosseur maximale nominale de granulat (mm)	Épaisseur (mm), elle ne sera pas inférieure à
Macadam bitumineux à granulométrie serrée Macadam bitumineux à granulométrie semi-ouverte Macadam bitumineux à granulométrie ouverte	19,0	50
	26,5	80
	31,5	100
	37,5	120
Macadam au bitume traité par pénétration	—	40
Béton pauvre en ciment	31,5	120
Matériaux stabilisés aux liants inorganiques	19,0, 26,5, 31,5, 37,5	150
	53,0	180
Pierres cassées graduées Graviers gradués Pierres cassées non tamisées Graviers naturels	26,5, 31,5, 37,5	100
	53,0	120
Pierres cassées de remplissage des vides	37,5	75
	53,0	100
	63,0	120

4.4.6 La couche de base en béton de ciment de la chaussée bitumée doit se conformer aux stipulations concernées des *Règles de Conception pour la Chaussée en Béton de Ciment de la Route* (JTG D40) en vigueur.

4.5 Couche de surface

4.5.1 La couche de surface doit avoir des performances telles que l'uni, la résistance à l'ornière, à la fissuration due à la fatigue, à la fissuration due à la basse température et de protection contre les endommagements dûs à l'eau etc., les mélanges de la couche de surface doivent également avoir des propriétés de résistance au glissement et à l'usure, la couche de surface de mélanges bitumineux à granulométrie serrée doit avoir une faible perméabilité à l'eau.

4.5.2 En ce qui concerne les types de matériaux de la couche de surface, il convient de choisir selon le tableau 4.5.2.

Tableau 4.5.2   Niveau de charge de trafic et niveau de couche pour les matériaux de couche de surface

Type de matériau	Niveau de charge de trafic et niveau de couche applicable
Mélange bitumineux à granulométrie continue	Couches de surface supérieure, intermédiaire et inférieure de différents niveaux de charges de trafic
Macadam bitumineux de mastic	Couche de surface supérieure de niveaux de charges de trafic extrêmement lourds et spécialement lourds Couche de surface supérieure ayant les exigences spéciales de résistance au glissement
Mélange bitumineux à chaud recyclé préparé à l'usine	Couches de surface supérieure, intermédiaire et inférieure de différents niveaux de charges de trafic
Macadam au bitume mélangé en haut et par pénétration en bas	Couche de surface de niveaux de charges de trafic moyennement lourds et légers
Traitement superficiel bitumineux	Couche de surface de niveaux de charges de trafic moyennement lourds et légers

4.5.3 Pour la couche de surface ayant les exigences spéciales sur la résistance au glissement, le drainage ou la réduction de bruit, il est possible d'employer les mélanges bitumineux à granulométrie ouverte, et sous la couche de surface, il faut disposer une couche imperméable à l'eau pour laquelle on peut utiliser l'émulsion bitumineuse modifiée ou le bitume modifié, etc.

4.5.4 Les épaisseurs de couches de mélange bitumineux de différentes grosseurs doivent se conformer aux prescriptions du tableau 4.5.4. Les épaisseurs de couches de structure de mélange bitumineux à granulométrie continue et de mélange de granulat au bitume-mastic ne conviennent pas d'être inférieures à 2,5 fois la grosseur maximale nominale de granulat, tandis que l'épaisseur de la couche de structure de mélange bitumineux à granulométrie ouverte ne convient pas d'être inférieure à 2 fois la grosseur maximale nominale de granulat.

Tableau 4.5.4 Épaisseurs de couches de mélange bitumineux de différentes grosseurs de granulat

Type de mélange bitumineux	Ci-après les épaisseurs de couches de mélange bitumineux de la grosseur maximale nominale de granulat (mm), elles ne seront pas inférieures à :					
	4,75	9,5	13,2	16,0	19,0	26,5
Mélange bitumineux à granulométrie continue	15	25	35	40	50	75
Macadam au bitume-mastic	—	30	40	50	60	—
Mélange bitumineux à granulométrie ouverte	—	20	25	30	—	—

4.5.5   Pour l'épaisseur de la couche en pierres cassées traitées par pénétration bitumineuse, il convient d'être de 40 mm à 80 mm, pour l'épaisseur de la chaussée traitée par pénétration d'émulsion bitumineuse, il ne convient pas d'être supérieure à 50 mm. Pour l'épaisseur de couche bitumineuse mélangée en haut et par pénétration en bas, il ne convient pas d'être inférieure à 25 mm.

4.5.6   Les traitements superficiels bitumineux peuvent être divisés en trois couches, à savoir, monocouche, bicouche et tricouche. Pour l'épaisseur de traitement superficiel monocouche, il convient d'être de 10 mm à 15 mm, pour la bicouche, 15 mm à 25 mm et pour la tricouche, 25 mm à 30 mm.

4.6 Couche fonctionnelle

4.6.1   Lorsque l'épaisseur de la chaussée dans la zone de sol gelé saisonnière ne répond pas au besoin de protection contre le gel, il faut ajouter par supplément une couche de protection contre le gel, pour laquelle, il convient d'employer les matériaux granulaires tels que le gros sable, le gravier sableux et les pierres cassées, etc.

4.6.2   Dans le tronçon de route dont le niveau d'eau souterraine est élevé, le drainage est défavorable, ou de déblai rocheux dont la condition hydrologique est défavorable telle qu'il existe de l'eau intersticielle, le trou de source d'eau et etc. quand la couche de base et la couche de fondation sont construites avec les matériaux non grenus, il est possible de disposer une couche de matériaux granulaires entre la couche de base ou la couche de fondation et le lit de la route. La couche de matériaux granulaires doit être connectée avec la rigole d'infiltration au bord de plate-forme ou sous le fossé latéral, son épaisseur ne convient pas d'être inférieure à 150 mm.

4.6.3   Entre les couches de matériaux stabilisés aux liants inorganiques ou la couche de structure en matériaux recyclés à froid et la couche de structure en liants bitumineux, il convient d'aménager une couche de scellement pour laquelle, il est possible d'adopter le traitement superficiel bitumineux en monocouche ou la couche de scellement de coulis etc. Quand une couche d'absorption de contrainte de bitume modifié est aménagée, il est possible de ne pas également aménager la couche de scellement.

4.6.4 Pour la couche d'accrochage de la chaussée de niveaux de charges de trafic extrêmement lourds, spécialement lourds et lourds, il convient d'employer l'émulsion bitumineuse modifiée, l'asphalte de pétrole routier ou le bitume modifié ; pour la couche d'accrochage de la chaussée de niveaux de charges de trafic moyens et légers, il est possible de choisir l'émulsion bitumineuse ; quant à la couche d'accrochage entre la dalle en béton de ciment et la chaussée bitumée, il convient d'employer le bitume modifié.

4.6.5 À propos de liant hydrocarboné pour la couche de scellement de traitement superficiel en monocouche, il est possible d'employer le bitume modifié, l'asphalte de pétrole routier ou l'émulsion bitumineuse. Tandis que pour la couche d'absorption de contrainte de bitume modifié, il convient d'adopter le bitume caoutchouté.

4.6.6 Pour les parties supérieures de la couche de base en matériaux granulaires et de couche de base en matériaux stabilisés aux liants inorganiques, il convient de disposer une couche d'imprégnation, le bitume d'imprégnation doit avoir une bonne perméabilité, il est possible d'utiliser le bitume fluidifié et l'émulsion de bitume.

4.7 Accotement

4.7.1 La combinaison structurale d'accotements et la sélection de matériaux doivent être en coordination avec la chaussée de voies de circulation, et ne doit pas affecter le drainage de l'eau des structures de la chaussée.

4.7.2 Pour les routes classées de niveaux de charges de trafic extrêmement lourds, spécialement lourds et lourds et dans la zone de sol gelé, les matériaux et les épaisseurs des couches de base et des couches de fondation d'accotement dur doivent être identiques à ceux de la chaussée de voies de circulation.

4.7.3 Pour les accotements durs de routes de 3ème et de 4ème classe, il est possible d'employer les matériaux aux liants bitumineux ou les matériaux granulaires.

4.8 Drainage de la chaussée

4.8.1 Le drainage interne de la structure de chaussée doit être raccordé avec les autres systèmes de drainage corrélatifs de la route et se conformer aux prescriptions concernées de *Règles de Conception pour le Dainage de la Route* (JTG/T D33) en vigueur.

4.8.2 Lorsque les mélanges bitumineux à granulométrie ouverte sont adoptés pour la couche de surface ou les couches de drainage et antigel sont aménagés par les mélanges granulaires ou les mélanges à granulométrie ouverte ou semi-ouverte, il est possible d'adopter la forme de traverse de toute la bande complète de plate-forme ou de disposer le système de drainage du bord.

5 Exigences des propriétés de matériaux et paramètres de conception

5.1 Règlement général

5.1.1 Pour les matériaux de chaussée, il faut procéder à la conception en définissant les paramètres de conception des matériaux, sur la base de la justification technico-économique et selon la classe de route, les niveaux de charges de trafic, la condition climatologique et les exigences de fonctions de différentes couches structurales ainsi que les propriétés de matériaux locaux, etc.

5.1.2 Les exigences de propriétés des matériaux bruts pour les différentes couches structurales, les compositions et les exigences des propriétés des mélanges bitumineux doivent se conformer aux prescriptions concernées des *Règles des Techniques d'Exécution des Travaux pour la Chaussée bitumée de Route* (JTG F40) en vigueur et des *Règlements détaillés techniques pour l'Exécution de la Couche de Base de la Chaussée de Route* (JTG/T F20) en vigueur et il faut s'associer avec les caractéristiques d'ingénierie et les expériences locales pour définition.

5.1.3 Les paramètres de conception pour les matériaux de couches structurales de la chaussée peuvent être déterminés en trois niveaux à savoir :

1 Le niveau 1, déterminer par essai au laboratoire et par mesure réelle.

2 Le niveau 2, déterminer en tirant parti de la formule empirique existante.

3 Le noveau 3, déterminer en se référant aux valeurs typiques.

5.1.4 Lors de la phase d'étude de dessins d'exécution pour les autoroutes et les routes de première classe, il convient d'adopter le niveau 1, tandis que pour les autres phases d'étude, il est possible d'adopter le niveau 2 ou le niveau 3 ; pour les routes de deuxième classe et inférieures, le niveau 2 ou le niveau 3 peut être adopté.

5.2 Plate-forme

5.2.1 La détermination de module de résilence de la partie supérieure de la plate-forme doit être conforme aux prescriptions concernées des *Règles de Conception pour la Plate-Forme de Route* (JTG D30) en vigueur.

5.2.2 Le module de résilience de la partie supérieure de la plate-forme doit se conformer aux stipulations du tableau 5.2.2. En cas de non satisfaction aux exigences, il faut changer les matériaux de remplissage en aménageant une couche d'amélioration en matériaux grenus ou en matériaux stabilisés aux liants inorganiques, ou prendre des mesures de traitement à la chaux ou au ciment, afin d'élever le module de résilience de la partie supérieure de la plate-forme.

Tableau 5.2.2 Exigences de module de resilience de la partie supérieure de la plate-forme (MPa)

Niveau de charge de trafic	Extrêmement lourd	Spécialement lourd	Lourd	Moyennement lourd et léger
Module de résilience, il ne sera pas inférieur à :	70	60	50	40

5.3 Matériaux granulaires

5.3.1 Les valeurs *CBR* de la couche de base et de la couche de fondation en pierres cassées graduées doivent être conformes aux prescriptions concernées du tableau 5.3.1.

Tableau 5.3.1 Valeurs *CBR* des pierres cassées graduées

Couche de structure	Classe de route	Trafic extrêmement lourd, spécialement lourd	Trafic lourd	Trafic moyennement lourd et léger
Couche de base	Autoroute et route de 1ère classe	≥200	≥180	≥160
	Routes de 2ème classe et inférieures	≥160	≥140	≥120
Couche de fondation	Autoroute et route de 1ère classe	≥120	≥100	≥80
	Routes de 2ème classe et inférieures	≥100	≥80	≥60

5.3.2 Lorsque les graviers gradués ou les graviers sableux naturels sont utilisés pour la couche de base, la valeur *CBR* ne doit pas être inférieure à 80. Quand ils sont utilisés pour la couche de fondation, pour les niveaux de charges de trafic extrêmement lourds, spécialement lourds et lourds, la valeur *CBR* ne doit pas être inférieure à 80 ; pour le niveau de charge de trafic moyen, la valeur *CBR* ne doit pas être inférieure à 60 ; pour le niveau de charge de trafic léger, la valeur *CBR* ne doit pas être inférieure à 40.

5.3.3 Pour la grosseur maximale nominale de matériaux grenus de la couche de base pour les autoroutes et routes de première classe, il ne convient pas d'être supérieur à 26,5 mm ; quand les pierres cassées graduées ou les graviers sableux gradués sont utilisé pour la couche de fondation, la grosseur maximale nominale ne convient pas d'être supérieure à 31,5 mm ; quand les graviers sableux naturels sont utilisés pour la couche de fondation, la grosseur maximale nominale ne convient pas d'être supérieure à 53,0 mm. Tandis que pour les couches de base et de fondation de routes de deuxième classe et inférieures, la grosseur maximale nominale de matériaux grenus ne convient pas d'être supérieure à 53,0 mm.

5.3.4 Pour les pierres cassées de remplissage, il convient que la grosseur maximale nominale soit de 1/2 à 2/3 fois l'épaisseur de couche, quand elles sont utilisées dans la couche de base, la grosseur maximale nominale d'agrégat ne doit pas être supérieure à 53,0 mm ; en cas d'utilisation dans la couche de fondation, la grosseur maximale nominale d'agrégat ne doit pas être supérieure à 63,0 mm.

5.3.5 La grosseur maximale de matériaux de graviers sableux et de pierres cassées destinés à la couche antigel ne doit pas être supérieure à 53,0 mm.

5.3.6 Dans les pierres cassées graduées et les graviers sableux gradués, la teneur en grain avec tamisat de 0,075 mm ne convient pas d'être supérieure à 5%, lorsqu'ils ne peuvent pas répondre aux exigences, il est possible d'utiliser le sable naturel pour remplacer une partie d'agrégat fin.

5.3.7 Lors de vérification de la structure, le module de résilience de la couche de matériaux grenus doit être obtenu en adoptant le module de résilence de matériaux grenus multiplié par le coefficient de réglage d'humidité, le coefficient de réglage d'humidité peut être pris dans la plage de 1,6 à 2,0. Pour le module de résilience, il faut prendre la teneur en eau optimale et la valeur d'essai dans la condition de densité sèche correspondante aux exigences du taux de compactage. Les exigences du taux de compactage doivent se conformer aux stipulations concernées des *Règlements détaillé technique pour l'Exécution de la Couche de Base de la Chaussée de Route* (JTG/T F20) en vigueur.

5.3.8 La teneur en eau optimale et le module de résilience de matériaux grenus dans la condition de densité sèche correspondante aux exigences du taux de compactage doivent être déterminés selon les stipulations de l'article 5.1.4 des présentes règles et en fonction de niveaux correspondants :

1 Niveau 1, mesurer en adoptant l'essai de compression triaxiale avec chargement répétitif selon l'Annexe D, et prendre la valeur moyenne de résultats d'essai de modules de résilience.

2 Niveau 3, déterminer la prise de valeur de module de résilience selon le type et le niveau de couche de matériaux grenus et en se référant au tableau 5.3.8.

Tableau 5.3.8 Plage de la prise de valeur de module de résilience des matériaux grenus (MPa)

Type et niveau de couche de matériaux	Teneur en eau optimale et dans la condition de densité sèche correspondante aux exigences du taux de compactage	Après le réglage d'humidité
Couche de base en pierres cassées graduées	200 à 400	300 à 700
Couche de fondation en pierres cassées graduées	180 à 250	190 à 440
Couche de base en graviers gradués	150 à 300	250 à 600
Couche de fondation en graviers gradués	150 à 220	160 à 380
Couche de pierres cassées non tamisées	180 à 220	200 à 400
Couche de graviers sableux naturels	105 à 135	130 à 240

Note : Quand la propriété de matériaux est bonne, la granulométrie est bonne ou le taux de compactage est grand, la valeur élevée est prise, en cas contraire, la valeur basse est prise.

5.4 Matériaux stabilisés aux liants inorganiques

5.4.1 Lorsque les matériaux stabilisés aux liants inorganiques sont utilisés dans les couches de base d'autoroutes et de routes de première classe, la grosseur maximale nominale ne convient d'être supérieure à 31,5 mm ; quand ils sont utilisés dans les couches de fondation d'autoroutes et de routes de première classe, et les couches de base des routes de deuxième classe et inférieures, cette grosseur ne convient d'être supérieure à 37,5 mm ; quand ils sont utilisés dans les couches de fondation des routes de deuxième classe et inférieures, elle ne convient pas d'être supérieure à 53,0 mm.

5.4.2 Pour les matériaux stabilisés au ciment, la dose de ciment convient d'être de 3,0% à 6,0%.

5.4.3 Pour les granulats de béton maigre, la grosseur maximale nominale ne convient pas d'être supérieure à 31,5 mm, la dose de ciment ne doit pas être inférieure à 170 kg/m^3, la valeur de référence de la résistance à la traction par flexion à 28 jours convient d'être contrôlée dans la plage de 2,0 MPa à 2,5 MPa.

5.4.4 La valeur représentative de la résistance à la compression sans étreinte latérale à 7 jours de matériaux stabilisés aux liants inorganiques doit se conformer aux exigences du tableau 5.4.4.

Tableau 5.4.4 Critère (valeur représentative) **de la résistance à la compression sans étreinte latérale de matériaux stabilisés aux liants inorganiques** (MPa)

Matériau	Couche structurale	Classe de route	Trafic extrême. lourd et spéciale. lourd	Trafic lourd	Trafic moyen et léger
Matériau stabilisé au ciment	Couche de base	Autoroutes, routes de 1ère classe	5,0 à 7,0	4,0 à 6,0	3,0 à 5,0
		Routes de 2ème classe et inférieures	4,0 à 6,0	3,0 à 5,0	2,0 à 4,0
	Couche de fondation	Autoroutes, routes de 1ère classe	3,0 à 5,0	2,5 à 4,5	2,0 à 4,0
		Routes de 2ème classe et inférieures	2,5 à 4,5	2,0 à 4,0	1,0 à 3,0
Matériau stabilisé au ciment-cendre de charbon	Couche de base	Autoroutes, routes de 1ère classe	4,0 à 5,0	3,5 à 4,5	3,0 à 4,0
		Routes de 2ème classe et inférieures	3,5 à 4,5	3,0 à 4,0	2,5 à 3,5
	Couche de fondation	Autoroutes, routes de 1ère classe	2,5 à 3,5	2,0 à 3,0	1,5 à 2,5
		Routes de 2ème classe et inférieures	2,0 à 3,0	1,5 à 2,5	1,0 à 2,0
Matériau stabilisé aux chaux-cendres de charbon	Couche de base	Autoroutes, routes de 1ère classe	⩾1,1	⩾1,0	⩾0,9
		Routes de 2ème classe et inférieures	⩾0,9	⩾0,8	⩾0,7
	Couche de fondation	Autoroutes, routes de 1ère classe	⩾0,8	⩾0,7	⩾0,6
		Routes de 2ème classe et inférieures	⩾0,7	⩾0,6	⩾0,5
Matériau stabilisé à la chaux	Couche de base	Routes de 2ème classe et inférieures	—	—	⩾0,8[a]
	Couche de fondation	Autoroutes, routes de 1ère classe	—	—	⩾0,8
		Routes de 2ème classe et inférieures	—	—	0,5 à 0,7[b]

Note : [a] Dans la zone de sol à plasticité faible (l'indice de plasticité est inférieur à 7), la résistance à la compression sans étreinte latérale à 7 jours des graviers sableux et des pierres cassées stabilisés à la chaux doit être supérieure à 0,5 MPa (la limite de liquidité est mesurée par le cône d'équilibre de 100 g).

[b] La limite inférieure est utilisée pour le sol argileux dont l'indice de plasticité est inférieur à 7, la limite supérieure est destinée au sol argileux dont l'indice de plasticité est supérieur ou égal à 7.

5.4.5 La résistance à la traction par flexion et le module d'élasticité de matériau stabilisé aux liants inorganiques doivent être déterminés selon les stipulations de l'article 5.1.4 de présentes règles et en fonction de niveaux correspondants :

1 Niveau 1, mesurer par l'essai de compression uniaxiale en adoptant la méthode de section intermédiaire et selon l'Annexe E de présentes règles. La mesure de la résistance à la traction par flexion et de module d'élasticité doit se conformer aux prescriptions concernées du code T 0851 de la *Procédure d'Essai de Matériaux stabilisés aux Liants inorganiques pour l'Ingénierie de la Route* (JTG E51) en vigueur. Lors de mesure, les âges des éprouvettes de matériaux stabilisés au ciment ou au ciment-cendre de charbon doivent être de 90 jours, tandis que les âges des éprouvettes de matériaux stabilisés à la chaux et à la chaux-cendre de charbon doivent être de 180 jours. Pour la résistance à la traction par flexion et le module d'élasticité, il faut prendre la valeur moyenne des données de test et de mesure.

2 Niveau 3, déterminer la résistance à la flexion et le module d'élasticité en faisant référence au tableau 5.4.5.

Tableau 5.4.5 Plage de prise de valeurs de résistance à la traction par flexion et de module d'élasticité des matériaux stabilisés aux liants inorganiques (MPa)

Matériau	Résistance à la traction par flexion	Module d'élasticité
Matériaux grenus stabilisés au ciment, au ciment-cendre de charbon et à la chaux-cendre de charbon	1,5 à 2,0	18 000 à 28 000
	0,9 à 1,5	14 000 à 20 000
Sol stabilisé au ciment, au ciment-cendre de charbon et à la chaux-cendre de charbon	0,6 à 1,0	5 000 à 7 000
Sol-chaux	0,3 à 0,7	3 000 à 5 000

Note : Lorsque la dose de liants utilisée est grande, la propriété de matériau est bonne, la granulométrie est bonne ou le taux de compactage est élevé, la valeur élevée est prise, dans le cas contraire, la valeur basse est prise.

5.4.6 Lors de vérification structurale, le module d'élasticité de matériaux stabilisés aux liants inorganiques doit être multiplié par 0,5 du coefficient de réglage de module de couche de structure.

5.4.7 Pour la couche de base stabilisée aux chaux-cendres de charbon des autoroutes et des routes de première classe dans la zone de sol gelé, il faut procéder à la vérification de résistance au gel de matériaux selon les prescriptions concernées du code T 0858 de la *Procédure d'Essai de Matériaux stabilisés aux Liants inorganiques pour l'Ingénierie de la Route* (JTG E51) en vigueur, son rapport de résistance à la compression résiduelle doit être conforme aux exigences du tableau 5.4.7.

Tableau 5.4.7 Exigences techniques sur la performance de résistance au gel pour les matériaux stabilisés aux chaux-cendres de charbon

Zone climatologique	Zone fortement gelée	Zone moyennement gelée
Rapport de résistance à la compression résiduelle (%)	⩾70	⩾65

5.5 Matériaux aux liants bitumineux

5.5.1 Pour les liants bitumineux, il faut employer l'asphalte de pétrole de route ou les autres produits transformés, le type de bitume doit être déterminé selon la classe de route, la condition climatique, le niveau de charge de trafic et le niveau de couche de la structure ainsi que la condition d'exécution des travaux, etc.

5.5.2 Pour les routes classées en niveaux de charges de trafic extrêmement lourds, spécialement lourds et lourds, les routes de la zone dont la condition climatique est rude, ainsi que le tronçon de route dont la pente longitudinale est continue, longue et raide, il convient que la couche de surface intermédiaire et la couche de surface supérieure soient adoptées de mélange à granulométrie optimalisée tout en prenant des mesures de sélection de bitume modifié ou de l'ajout d'additif, etc.

5.5.3 Pour la couche de surface supérieure de mélange bitumineux à granulométrie ouverte, il convient d'adopter l'asphalte à haute viscosité ou le bitume caoutchouc tout en utilisant une quantité adéquate de chaux blanche ou le ciment tenant lieu de poudres minérales.

5.5.4 La grosseur maximale nominale de mélange bitumineux de la couche de surface supérieure de la chaussée ne convient pas d'être supérieure à 16,0 mm, pour la couche de surface intermédiaire et la couche de surface inférieure, elle ne convient pas d'être inférieure à 16,0 mm, tandis que pour la couche de base à macadam bitumineux, elle ne convient pas d'être inférieure à 26,5 mm.

5.5.5 Pour la performance à basse température de bitume de la couche de surface des autoroutes et routes de première classe dans la zone de sol gelé saisonnière, il convient de satisfaire aux exigences des indicateurs suivants :

1 Faire une analyse sur la valeur moyenne de température minimale annuelle pendant 10 ans consécutifs pour la température de conception à basse température de la chaussée. Sous la condition d'essai où la température de conception de la chaussée à basse température est élevée de 10 ℃, pour l'essai rhéologique de la poutre de flexion d'asphalte, la rigidité au

fluage S_t ne convient pas d'être supérieure à 300 MPa, et de plus, la pente de la courbe de fluage m ne convient pas d'être supérieure à 0,30.

2 Quand la rigidité au fluage S_t se trouve dans la plage de 300 MPa à 600 MPa, et en plus, la pente de la courbe de fluage m est supérieure à 0,30, ajouter l'essai de traction directe de bitume, sa déformation à la rupture ne convient pas d'être inférieure à 1%.

3 Lorsque tout ce qui précède n'est pas satisfait, on peut adopter l'essai rhéologique de la poutre de flexion d'asphalte et l'essai de traction directe de bitume pour déterminer la température de fissuration critique de bitume, pour laquelle il ne convient pas d'être supérieur à la température de conception à basse température de la chaussée.

5.5.6 Pour les mélanges bitumineux des routes de deuxième classe et supérieures dont la grosseur maximale nominale n'est pas supérieure à 19,0 mm, il convient de procéder à l'essai de flexion de poutrelle à la température −10 ℃ et sous la condition de taux de chargement 50 mm/min. Pour la déformation à la rupture de mélange bitumineux, il convient de se conformer aux prescriptions du tableau 5.5.6.

Tableau 5.5.6 Exigences techniques de la déformation à la rupture pour l'essai de flexion de mélange bitumineux à basse température

Condition climatique et indicateur technique	Déformation à la rupture exigée correspondant aux zonages climatologiques suivants ($\mu\varepsilon$)								Méthode d'essai
Température extrême minimale annuelle (℃) et zonage climatique	< −37,0		−37,0 à −21,5			−21,5 à −9,0		> −9,0	
	1. Zone très froide d'hiver		2. Zone de grand froid d'hiver			3. Zone froide d'hiver		4. Zone tiède d'hiver	
	1-1	2-1	1-2	2-2	3-2	1-3	2-3	1-4	2-4	
Mélange bitumineux ordinaire, il ne sera pas inférieur à :	2 600		2 300			2 000			T 0715
Mélange bitumineux modifié, il ne sera pas inférieur à :	3 000		2 800			2 500			

Note : La détermination de zonage climatologique doit être conforme aux prescriptions concernées de *Règles techniques d'Exécution des Travaux pour la Chaussée bitumée de Route* (JTG F40) en vigueur.

5.5.7 En ce qui concerne les mélanges bitumineux pour les autoroutes et les routes de première classe, il faut procéder à l'essai de l'ornière dans les conditions d'essai stipulées et il doit se conformer aux exigences du tableau 5.5.7. Pour les routes de deuxième classe, il est possible d'y faire référence pour application.

Tableau 5.5.7 Exigences techniques de la stabilité dynamique pour l'essai de l'ornière des mélanges bitumineux (fois/mm)

Condition climatique et indicateur technique	Exigences techniques de la stabilité dynamique exigées correspondantes au zonage climatique suivant									Méthode d'essai
Température maximale en juillet (°C) et le zonage climatique	>30				20 à 30				<20	
	1. Zone très chaude d'été				2. Zone chaude d'été				3. Zone froide d'été	
	1-1	1-2	1-3	1-4	2-1	2-2	2-3	2-4	3-2	
Mélange bitumineux ordinaire, il ne sera pas inférieur à :	800		1000		600		800		600	T 0719
Mélange bitumineux modifié, il ne sera pas inférieur à :	2 800		3 200		2 000		2 400		1 800	
Mélange SMA (macadam bitumineux de mastic), il ne sera pas inférieur à : — Bitume ordinaire	1 500									
Mélange SMA — Bitume modifié	3 000									
Mélange bitumineux OGFC (couche d'usure à granulométrie ouverte), il ne sera pas inférieur à :	1 500 (niveaux de charges de trafic moyens et légers) 3 000 (niveaux de charges de trafic lourds et supérieurs)									

Note : 1. La détermination de zonages climatologiques doit se conformer aux prescriptions concernées de *Règles techniques d'Exécution des Travaux pour la Chaussée bitumée de Route* (JTG F40) en vigueur.

2. Lorsque la température moyenne maximale d'un autre mois est supérieure à celle du mois de juillet, il est possible d'utiliser celle du mois en question.

3. Dans le cas particulier, en ce qui concerne le revêtement de tablier métallique de pont, le tronçon de route où les poids lourds sont particulièrement nombreux ou la pente longitudinale est relativement grande et sur une longue distance montante, ou les routes dédiées aux usines et mines, il est possible selon le cas, d'élever les exigences sur la stabilité dynamique.

4. Pour les routes classées dans la zone chaudes ou les routes dont les niveaux de charges de trafic sont spécialement lourds et supérieurs, il est possible selon la condition climatologique et l'état de trafic, d'élever la température d'essai ou d'augmenter la charge d'essai.

5.5.8 Pour mesurer la résistance à la pénétration de mélange bitumineux, il convient d'adopter la méthode d'essai de pénétration uniaxiale prescrite par l'Annexe F de présentes règles. Pour la résistance à la pénétration de mélange bitumineux des chaussées bitumées sur la couche de base en matériaux stabilisés aux liants inorganiques, sur la couche de base aux liants bitumineux reposée sur la couche de fondation en matériaux stabilisés aux liants inorganiques et sur la couche de base en béton de ciment, il convient de satisfaire aux exigences de la formule (5.5.8-1).

$$R_{\text{TS}} \geq \left(\frac{0{,}31 \lg N_{e5} - 0{,}68}{\lg [R_a] - 1{,}31 \lg T_d - \lg \Psi_s + 2{,}50} \right)^{1{,}86} \quad (5.5.8\text{-}1)$$

Dans laquelle :

$[R_a]$—Quantité de déformation permanente admissible de mélange bitumineux (mm), elle sera déterminée selon la classe de route et en se référant au tableau 3.0.6-1 ;

N_{e5}—Dans la durée d'utilisation de projet ou dans le délai à partir de l'ouverture au trafic jusqu'à ce que l'ornière a fait l'objet de l'entretien pour la première fois, pour les mois dont la température moyenne mensuelle est supérieure à 0 ℃, le nombre d'actions cumulatif de charge par essieu de conception équivalente sur la voie de circulation de projet est calculé selon l'Annexe A de présentes règles ;

T_d—Température atmosphérique de conception (℃), elle est une valeur moyenne mensuelle de différents mois dont la température moyenne mensuelle dans la zone où se trouve le projet est supérieure à 0 ℃ ;

Ψ_s—Coefficient de structure de la chaussée, il est calculé selon la formule (5.5.8-2) :

$$\Psi_s = (0,52h_a^{-0,003} - 317,59h_b^{-1,32})E_b^{0,1} \quad (5.5.8\text{-}2)$$

h_a—Épaisseur de la couche en mélange bitumineux (mm) ;

h_b—Épaisseur de couche en matériaux stabilisés aux liants inorganiques ou de couche en béton de ciment (mm) ;

E_b—Module de couche de matériaux stabilisés aux liants inorganiques ou de couche en béton de ciment (MPa) ;

$R_{\tau s}$—Résistance à la pénétration synthétique de différentes couches en mélanges bitumineux, elle est déterminée selon la formule (5.5.8-3) :

$$R_{\tau s} = \sum_{i=1}^{n} w_{is} R_{\tau i} \quad (5.5.8\text{-}3)$$

$R_{\tau i}$—Résistance à la pénétration de la i ème couche en mélanges bitumineux (MPa), elle sera déterminée par l'essai selon la méthode listée dans l'Annexe F de présentes règles, les mélanges bitumineux ordinaires sont en general de 0,4 MPa à 0,7 MPa, les mélanges bitumineux modifié sont généralement de 0,7 MPa à 1,2 MPa ;

n—Nombre de couches en mélanges bitumineux ;

w_{is}—Poids pondéré de la i ème couche en mélanges bitumineux, il est la valeur spécifique de la contrainte de cisaillement au point central dans l'épaisseur de la i ème couche et la somme des contraintes de cisaillement aux points centraux de différentes couches $\left(w_{is} = \dfrac{\tau_i}{\sum_{i=1}^{n}\tau_i}\right)$. Quand la couche en mélanges bitumineux est une couche simple, w_1 est pris à 1,0 ; quand la couche en mélanges bitumineux est en 2 couches, du haut en bas, w_1 peut être pris à 0,48, w_2 peut être pris à 0,52 ; quand la couche en mélanges bitumineux est en tricouche, du haut en bas, w_1, w_2 et w_3 peuvent être pris respectivement à 0,35, 0,42 et 0,23.

5.5.9 Pour les chaussées bitumées sur la couche de base en matériaux grenus et sur la couche de base aux liants bitumineux ayant la couche de fondation en matériaux grenus, la résistance à la pénétration de mélanges bitumineux convient de répondre aux exigences de la formule (5.5.9-1).

$$R_{\tau g} \geqslant \left(\frac{0,35\lg N_{e5} - 1,16}{\lg[R_a] - 1,62\lg T_d - \lg\Psi_g + 2,76}\right)^{1,38} \quad (5.5.9\text{-}1)$$

Dans laquelle :

Ψ_g—Coefficient de la structure de chaussée, il est calculé selon la formule (5.5.9-2) :

$$\Psi_g = 20,16 h_a^{-0,642} + 820\,916 h_b^{-2,84} \qquad (5.5.9\text{-}2)$$

$R_{\tau g}$—Résistance à la pénétration synthétique de mélanges bitumineux de différentes couches de la chaussée, elle est déterminée selon la formule (5.5.9-3) :

$$R_{\tau g} = \sum_{i=1}^{n} w_{ig} R_{\tau i} \qquad (5.5.9\text{-}3)$$

w_{ig}—Poids pondéré de la i ème couche de mélanges bitumineux, il est la valeur spécifique de contrainte de cisaillement au point central d'épaisseur de la i ème couche et de la somme des contraintes de cisaillement aux points centraux d'épaisseurs de différentes couches $\left(w_{ig} = \dfrac{\tau_i}{\sum_{i=1}^{n} \tau_i} \right)$. Quand la couche de mélanges bitumineux est une couche, w_1 est pris à 1,0 ; quand la couche de mélanges bitumineux est en bicouche, du haut en bas, w_1 peut être pris à 0,44, w_2 peut être pris à 0,56 ; quand la couche de mélanges bitumineux est en tricouche, du haut en bas, w_1, w_2 et w_3 peuvent être pris respectivement à 0,27, 0,36 et 0,37.

Les significations des autres symboles sont identiques aux formules (5.5.8-1) à (5.5.8-3).

5.5.10 Pour les mélanges bitumineux, il faut tester la stabilité résiduelle de l'essai Marshall d'immersion et le rapport de la résistance résiduelle de l'essai de fractionnement de gel-dégel pour vérifier l'insensibilité à l'eau. Les deux indicateurs doivent se conformer aux prescriptions du tableau 5.5.10. Quand l'insensibilité à l'eau ne répond pas aux exigences, il est possible de prendre des mesures telles que par incorporation de la chaux coulée, du ciment ou de l'agent antiécaillant ou par le remplacement des granulats, etc.

Tableau 5.5.10 Exigences techniques de l'insensibilité à l'eau des mélanges bitumineux

Type de mélanges bitumineux	Exigence technique correspondant à la précipitation annuelle suivante (%)		Méthode d'essai
	⩾500	<500	
Stabilité résiduelle d'essai Marshall d'immersion (%)			
Mélange bitumineux ordinaire, il ne sera pas inférieur à :	80	75	T 0709
Mélange bitumineux modifié, il ne sera pas inférieur à :	85	80	
Mélange SMA (Macadam bitumineux de mastic), il ne sera pas inférieur à :	Bitume ordinaire	75	
	Bitume modifié	80	
Rapport de résistance résiduelle de l'essai de fractionnement de gel-dégel (%)			
Mélange bitumineux ordinaire, il ne sera pas inférieur à :	75	70	T 0729
Mélange bitumineux modifié, il ne sera pas inférieur à :	80	75	
Mélange SMA (Macadam bitumineux de mastic), il ne sera pas inférieur à :	Bitume ordinaire	75	
	Bitume modifié	80	

5.5.11 Le module de compression dynamique de mélanges bitumineux doit être déterminé selon les spécifications de l'article 5.1.4 et en fonction de niveau correspondant :

1 Niveau 1, mesurer le module de compression dynamique de mélanges bitumineux doit se

conformer aux prescriptions concernées du code T 0738 de *Procédure d'Essai de Bitume et de Mélanges bitumineux pour l'Ingénierie de Route* (JTG E20) en vigueur, prendre la valeur moyenne, sélectionner la température d'essai à 20 ℃, la fréquence de chargement pour les mélanges bitumineux de la couche de surface est prise à 10 Hz, tandis que pour les mélange bitumineux de la couche de base, la fréquence de chargement est adoptée à 5 Hz.

2　Niveau 2, calculer pour déterminer le module de compression dynamique de mélanges bitumineux selon la formule (5.5.11), il est applicable aux asphaltes de pétrole de route et aux mélanges bitumineux à granulométrie conventionnelle.

$$\lg E_a = 4,59 - 0,02f + 2,58G^* - 0,14P_a - 0,041V - 0,03VCA_{DRC} - 2,65 \times 1,1^{\lg G^*} \cdot f^{-0,06} - 0,05 \times 1,52^{\lg f}VCA_{DRC} \cdot f^{-0,21} + 0,0031f \cdot P_a + 0.0024V \quad (5.5.11)$$

Dans laquelle :

E_a—Module de compression dynamique des mélanges bitumineux (MPa);

f—Fréquence d'essai (Hz);

G^*—Module complexe de cisaillement dynamique de bitume sous 60 ℃, 10 radian/s (kPa);

P_a—Rapport grave-bitume de mélange bitumineux (%);

V—Rapport des vides de mélange bitumineux compacté (%);

VCA_{DRC}—Rapport des vides en vrac de granulat gros sous l'état damé (%).

3　Niveau 3, se référer au tableau 5.5.11 pour déterminer le module de compression dynamique de mélange bitumineux.

Tableau 5.5.11　Plage de prise de valeur de module de compression dynamique de mélange bitumineux couramment utilisé sous la condition de 20 ℃ (MPa)

Type de mélange bitumineux	Type de bitume			
	Asphalte de pétrole de route N° 70	Asphalte de pétrole de route N° 90	Asphalte de pétrole de route N° 110	Bitume modifié SBS (Styrène-Butadiène-Styrène)
SMA10, SMA13, SMA16	—	—	—	7 500 à 12 000
AC10, AC13	8 000 à 12 000	7 500 à 11 500	7 000 à 10 500	8 500 à 12 500
AC16, AC20, AC25	9 000 à 13 500	8 500 à 13 000	7 500 à 12 000	9 000 à 13 500
ATB25	7 000 à 11 000	—	—	—

Note : 1. ATB25 désigne le module de compression dynamique sous la condition de 5 Hz, les autres mélanges bitumineux désignent les modules de compression dynamique sous la condition de 10 Hz.

2. Quand la viscosité de bitume est grande, la granulométrie est bonne ou le rapport des vides est faible, est prise la valeur élevée, dans le cas contraire, la valeur faible est prise.

5.6 Coefficient de Poisson

5.6.1 Les coefficients de Poisson de différents types de matériaux doivent être déterminés selon le tableau 5.6.1.

Tableau 5.6.1 Prise de valeur de coefficient de Poisson

Type de matériau	Plate-forme	Matériau grenu	Liant inorganique	Mélange bitumineux à granulométrie serrée	Mélanges bitumineux à granulométrie ouverte et semi-ouverte
Coefficient de Poisson	0,40	0,35	0,25	0,25	0,40

6 Vérification de structure de la chaussée

6.1 Règlement général

6.1.1 Les indicateurs mécaniques des structures de chaussée doivent être calculés en adoptant la théorie du système continu en couches élastiques sous les actions de charge verticale uniformément réparties en double cercle.

6.1.2 Pour la combinaison des structures de chaussée, il faut d'abord établir, un plan préliminaire et procéder à la vérification des structures de chaussée selon l'Annexe B, et ensuite, déterminer la solution des structures de chaussée en associant les expériences des travaux et l'analyse économique. Pour les routes classées de deuxième classe et inférieures, quand les niveaux de charges de trafic sont moyens et légers, il est possible de sélectionner rationnellement la solution de conception de la chaussée sur la base des structures empiriques dans la zone où se trouve le projet.

6.2 Indicateurs de conception

6.2.1 Pour la vérification des structures de chaussée, il faut choisir les indicateurs de conception selon la combinaison des structures de chaussée et en se référant au tableau 6.2.1.

Tableau 6.2.1 Indicateurs de la conception des chaussées de différentes combinaisons de structures

Type de couche de base	Type de couche de fondation	Indicateur de conception[a]
Matériau stabilisé aux liants inorganiques	Matériau grenu	Contrainte de traction au fond de la couche en matériaux stabilisés aux liants inorganiques, quantité de déformation permanente de la couche en mélanges bitumineux
	Matériau stabilisé aux liants inorganiques	

suite

Type de couche de base	Type de couche de fondation	Indicateur de conception[a]
Matériau aux liants bitumineux	Matériau grenu	Déformation de traction au fond de la couche en mélanges bitumineux, quantité de déformation permanente de la couche en mélanges bitumineux, déformation de compression verticale de la partie supérieure de la plate-forme
	Matériau stabilisé aux liants inorganiques	Quantité de déformation permanente de la couche en mélanges bitumineux, contrainte de traction au fond de la couche de matériaux stabilisés aux liants inorganiques
Matériau grenu[b]	Matériau grenu	Déformation de traction au fond de la couche en mélanges bitumineux, quantité de déformation permanente de couche en mélanges bitumineux, déformation de compression verticale de la partie supérieure de la plate-forme
	Matériau stabilisé aux liants inorganiques	Déformation de traction au fond de la couche en mélanges bitumineux, quantité de déformation permanente de la couche en mélanges bitumineux, contrainte de traction au fond de la couche en matériaux stabilisés aux liants inorganiques
Béton de ciment[c]	—	Quantité de déformation permanente de la couche en mélanges bitumineux

Note : [a] Pour la zone de sol gelé saisonnière, il faut ajouter la vérification de fissuration à basse température de la couche de surface bitumée et la vérification de l'épaisseur antigel.

[b] Lorsqu'une couche en matériaux grenus est aménagée entre la couche en mélanges bitumineux et la couche stabilisée aux liants inorganiques, il faut vérifier la durée de vie de fissuration due à la fatigue de couche en mélanges bitumineux.

[c] Pour la couche de base en béton de ciment, il faut procéder à la conception selon les *Règles de Conception pour la Chaussée en Béton de Ciment de Route* (JTG D40) en vigueur.

6.2.2 Lors de vérification des structures de chaussée, pour les différents indicateurs de conception, il faut choisir les réponses mécaniques aux positions verticales stipulées par le tableau 6.2.2, et sélectionner la quantité maximale de réponses mécaniques calculées sur quatre points de positions A, B, C et D selon les points de positions indiqués dans la figure 6.2.2.

Tableau 6.2.2 Réponses mécaniques et positions verticales correspondantes aux différents indicateurs de conception

Indicateurs de conception	Réponse mécanique	Position verticale
Déformation de traction au fond de la couche en mélanges bitumineux	Déformation de traction horizontale le long de la direction de circulation	Au fond de la couche en mélanges bitumineux
Contrainte de traction au fond de la couche en matériaux stabilisés aux liants inorganiques	Contrainte de la traction horizontale le long de la direction de circulation	Au fond de la couche stabilisée aux liants inorganiques
Quantité de déformation permanente de couche en mélanges bitumineux	Contrainte de compression verticale	Aux parties supérieures de différentes sous-couches de la couche en mélanges bitumineux
Déformation verticale de compression de la partie supérieure de plate-forme	Déformation de compression verticale	À la partie supérieure de la plate-forme

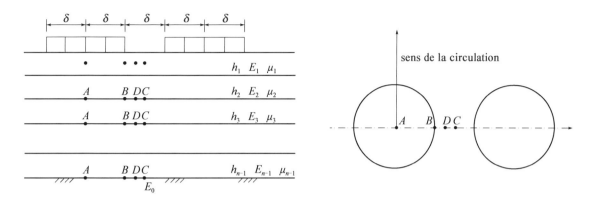

Figure 6.2.2 Schéma indicatif des positions de points de calcul pour la réponse mécanique

6.3 Paramètres de trafic, de matériaux et d'environnement

6.3.1 Le nombre d'actions cumulatif de charges par essieu de conception équivalente correspondante aux différents indicateurs de conception doit être déterminé par calcul selon les résultats d'enquête et d'analyse des paramètres de trafic et les durées d'utilisation de projet et d'après les stipulations de l'Annexe A.

6.3.2 Lors de vérification des structures de chaussée, la prise de valeur des modules des couches structurales doit être comforme aux prescriptions suivantes :

1   Pour la couche de surface bitumée, est pris le module de compression dynamique sous la condition de 20 ℃, 10 Hz, tandis que pour la couche de base bitumineux, est pris le module de compression dynamique sous la condition de 20 ℃, 5 Hz.

2   Pour la couche en matériaux stabilisés aux liants inorganiques, est pris le module d'élasticité après la révision de coefficient de réglage.

3   Pour la couche en matériaux grenus, est pris le module de résilience après le réglage d'humidité, pour la plate-forme, est employé le module de résilience équivalent de la partie supérieure sous l'état d'humidité d'équilibre et après la prise en compte des actions de cycle sec-humide et de gel-dégel.

6.3.3 Lors de vérification des durées de vie de la fissuration à la fatigue de la couche en mélanges bitumineux, de la fissuration à la fatigue de la couche en matériaux stabilisés aux liants inorganiques et de la déformation verticale de la partie supérieure de la plate-forme, il faut déterminer le coefficient de réglage de la température suivant la condition de température dans la zone où se trouve le projet, les types de structure de la chaussée et, les épaisseurs des couches structurales et selon l'Annexe G de présentes règles. Lors de vérification de la quantité de déformation permanente de couche en mélanges bitumineux, il faut choisir la température équivalente correspondante selon la condition de température dans la zone où se trouve le projet et suivant l'Annexe G de présentes règles.

6.4 Processus de vérification des structures de chaussée

6.4.1 La vérification des structures de chaussée doit être effectuée selon le processus indiqué dans la figure 6.4.1, elle comprend les contenus principaux suivants :

1 Enquêter et analyser des paramètres de trafic selon l'Annexe A de présentes règles ; déterminer le niveau de charge de trafic selon les stipulations de l'article 3.0.4.

2 Déterminer le type sec-humide et l'état d'humidité de plate-forme selon le type de sol et la hauteur de niveau d'eau souterraine de la plate-forme, définir le module de résilience de la partie supérieure de la plate-forme et les mesures d'amélioration nécessaire de la plate-forme selon les exigences de l'article 5.2.2 de présentes règles, en associant les prescriptions concernées des *Règles de Conception pour la Plate-Forme de Route* (JTG D30) en vigueur.

3 D'après les exigences de la conception, collecter les combinaisons structurales usuelles de chaussée dans la zone où se trouve le projet et les exigences de propriétés des matériaux, analyser les autres facteurs affectant la conception structurale de chaussée et rédiger préliminairement les plans des combinaisons structurales et des épaisseurs de chaussée, afin de déterminer les paramètres de conception.

4 Déterminer les paramètres de conception tels que les modules de différentes couches structurales et etc. selon les stipulations de chapitre 5 et de l'article 6.3.2 de présentes règles, et vérifier la valeur CBR de matériaux grenus stipulée par le chapitre 5 de présentes règles, la résistance à la compression sans étreinte latérale des matériaux stabilisés aux liants inorganiques, les exigences de propriété à basse température de bitume, la déformation à la rupture à basse température de mélanges bitumineux, la stabilité dynamique et la résistance à la pénétration, ainsi que l'insensibilité à l'eau, etc.

5 Selon les spécifications de l'Annexe G de présentes règles, collecter les données de

température atmosphérique dans la zone où se trouve l'ingénierie pour déterminer les coefficients de réglage de température correspondants aux indicateurs de différentes conceptions ou la température équivalente.

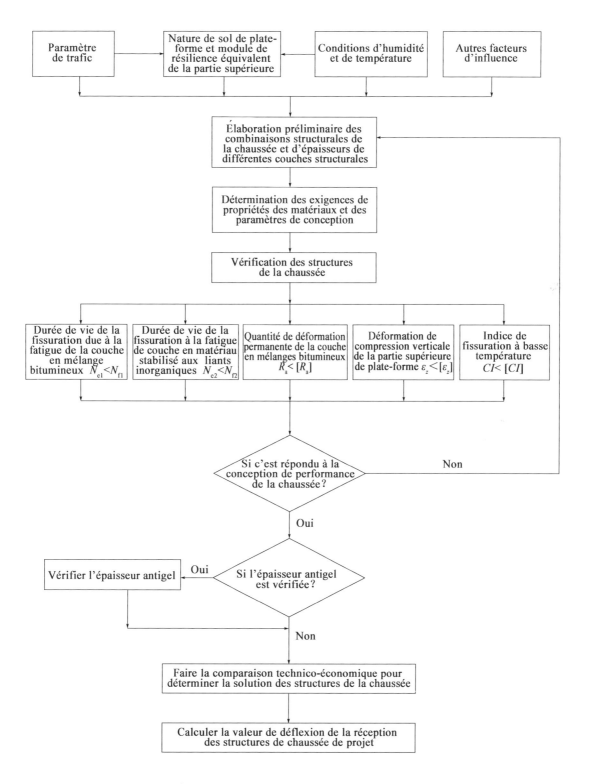

Figure 6.4.1　Schéma de processus de vérification des structures de chaussée

6   Adopter le programme de la théorie du système de multiple couche élastique pour calculer les quantités de réponse mécanique de différents indicateurs de conception.

7   Effectuer la vérification des structures de chaussée selon les spécifications de l'Annexe B de présentes règles, les résultats de vérification doivent être conformes aux prescriptions de l'article 3.0.6 de présentes règles, en cas de non-conformité, réajuster les solutions des structures de chaussée pour renouveler la vérification, jusqu'à la conformité.

8   Procéder à l'analyse technico-économique sur les structures de chaussée qui sont passées par la vérification structurale pour mettre au point la solution des structures de chaussée.

9   Selon l'Annexe B.7 de presents règles, calculer la valeur de déflexion de réception pour la structure de chaussée de projet.

6.4.2   La détermination des valeurs de déflexion de réception de la partie supérieure de la plate-forme pour les structures de chaussée de projet et de la couche de surface doit se conformer aux stipulations concernées de l'Annexe B.7 de présentes règles.

7 Conception de reconstruction

7.1 Règlement général

7.1.1 Le présent chapitre est applicable à la conception de renforcement des structures de chaussée bitumée.

7.1.2 Pour la conception de reconstruction, il faut faire une enquête suffisante et une évaluation par tronçon de route sur les états de la chaussée existante, analyser la cause de dégât de la chaussée, proposer les contre-mesures de reconstruction ciblée, après l'analyse technico-économique et en associant les expériences d'ingénierie, déterminer la solution de conception de la reconstruction convenable au niveau de charge de trafic prévue et aux exigences de performance d'utilisation.

7.1.3 Lors de la détermination de la solution de conception de la reconstruction, il faut tirer le meilleur parti possible des performances structurales de la chaussée existante, diminuer les matériaux de rebut et utiliser par régénération activement et en toute sécurité les matériaux de chaussée existants.

7.1.4 Pendant la période d'exécution des travaux, il faut prendre en considération la conception de l'organisation du trafic et des installations de sécurité provisoires.

7.1.5 Pour la conception de la reconstruction, il faut adopter l'idée de conception dynamique, pendant la péiode d'exécution des travaux, il faut procéder sur terrain aux enquêtes et analyses par tronçon sur les états de route et réajuster d'une manière dynamique la solution de reconstruction.

7.2 Enquête et analyse de la chaussée existante

7.2.1 Les enquêtes et analyses de la chaussée existante doivent comprendre les contenus principaux suivants :

1. Collecter les données techniques relatives à la conception de la chaussée existante et des installations de drainage, aux états d'exécution des travaux, d'entretien et réparation historiques etc.

2. Enquêter et analyser des paramètres de charge de trafic tels que le volume de trafic, la composition et le taux de croissance des charges par essieu etc.

3. Enquêter sur les états de dégât de la chaussée, y compris le type, le degré de gravité, l'étendue et la quantité des pathologies de la chaussée etc.

4. Détecter et évaluer la capacité portante de la structure de chaussée existante par le déflectomètre dynamique à masse tombante ou les autres déflectomètres.

5. Au moyen de carottage, d'échantillonnage par puits d'essai, de radar de chaussée et de découpage etc. enquêter et analyser des situations relatives à l'épaisseur de la chaussée existante, à la liaison entre couches et au degré de pathologie, et prendre des échantillons pour effectuer les essais au laboratoire, mesurer le module et la résistance d'éprouvette, etc. afin d'analyser la composition et la dégradation des matériaux.

6. Pour les tronçons de route dont les dommages de la chaussée sont causés par les problème de la plate-forme, prendre les échantillons pour enquêter sur le type de sol, la teneur en eau et la valeur *CBR* de plate-forme, etc., analyser la stabilité et la capacité portante de la plate-forme, etc.

7. Enquêter sur la condition climatologique, le niveau d'eau souterraine et les états de drainage de plate-forme et de la chaussée le long du tracé.

8. Enquêter sur les exigences de ponts franchissant la voie, de hauteur libre de tunnel et les autres facteurs qui affectent la conception de reconstruction de la chaussée.

7.2.2 Les évaluations sur les dégâts de la chaussée existante doivent se conformer aux prescriptions concernées des *Critères d'Évaluation des États techniques de la Route* (JTG H20) et des *Règles de Technique d'Entretien de la Route* (JTG H10) en vigueur, il est possible de procéder en associant les caractéristiques de détérioration de la chaussée, à l'évaluation complémentaire par les indicateurs tels que les espacements des fissures transversaux, le taux de fissures longitudinales, le taux de surface de fissures en réseau et le taux de surface de réparation, etc.

7.2.3 Il faut analyser synthétiquement selon le résultat d'enquête de la chaussée existante, la cause de pathologie, juger le niveau de couche de la pathologie de la chaussée, le degré d'endommagements et la tendance de développement, ainsi que le degré utilisable de la chaussée existante.

7.3 Solution de reconstruction

7.3.1 Il faut adopter la solution de traitement correspondante à la chaussée existante selon les états de la chaussée et les degrés d'endommagements de la chaussée de différents tronçons de route.

7.3.2 Pour le traitement de la chaussée existante, il est possible de prendre le mode de traitement local, le mode de traitement global de pathologie ou le traitement en combinaison avec ces deux mode et il faut se conformer aux prescriptions suivantes :

1 Pour le tronçon de route dont l'endommagement de la chaussée existante n'est pas grave et en plus, la performance structurale est relativement bonne, il est possible de se référer aux *Règles techniques pour l'Entretien de la Chaussée bitumée de Route* (JTJ 073.2) en vigueur pour effectuer un revêtement après le traitement local de pathologie.

2 Tandis que pour le tronçon de route dont le dégât de la chaussée est grave ou la performance structurale n'est pas suffisante, il convient de prendre le mode de traitement global. La profondeur et l'étendue de traitement doivent être déterminées selon le degré et le niveau de couche de la chaussée endommagée ainsi que la technologie de traitement.

7.3.3 Pour la solution de reconstruction, il faut tirer pleinement parti de la structure et des matériaux de la chaussée existante, il est possible de choisir selon la situation réelle, une solution de reconstruction qui consiste à revêtir directement une ou plusieurs couches après le traitement local de pathologie, à fraiser la chaussée existante jusqu'à une certaine couche structurale ou à régénérer la chaussée existante sur place pour revêtir une ou plusieurs couches.

7.3.4 Quand il existe les fissures relativement nombreuses sur la chaussée existante, il faut prendre des mesures pour diminuer les fissures de réflexion.

7.3.5 Quand est apparu le dégât dû à l'eau à cause de drainage interne défavorable sur la chaussée existante, il faut améliorer ou réaménager le système de protection et de drainage de la chaussée. Entre la couche de revêtement et la chaussée, il faut prendre des mesures de liaisons entre couches par l'aménagement d'une couche d'accrochage ou de scellement.

7.3.6 La composition des matériaux pour la couche de revêtement et ses exigences techniques doivent être conformes aux stipulations du chapitre 5 des présentes règles. Les exigences techniques de matériaux de régénération doivent se conformer aux prescriptions concernées de *Règles techniques de Régénération pour la Chaussée bitumée de Route* (JTG F41) en vigueur.

7.4 Vérification des structures de la chaussée reconstruite

7.4.1 Pour les paramètres de charge de trafic prévisionnel dans la durée d'utilisation de projet, il faut procéder aux enquêtes et analyses selon l'Annexe A de présentes règles et déterminer les niveaux de charge de trafic selon l'article 3.0.4 de présentes règles.

7.4.2 Les performances d'utilisation de la couche de revêtement et de la structure de la chaussée existante après le traitement dans la durée d'utilisation doivent être conformes aux stipulations des articles 3.0.6 et 3.0.7.

7.4.3 Lorsque le dégât de la chaussée existante n'est pas grave, la performance de la structure est relativement bonne, et est employée la solution consistant à poser directement une couche de revêtement ou à faire un rabotage jusqu'à une certaine couche structurale et puis pour effectuer un revêtement d'une couche, il faut procéder en même temps à la vérification sur la couche structurale et sur la couche de revêtement de la chaussée existante. Les paramètres de conception de couche de revêtement doivent être déterminés selon la structure de la chaussée en construction neuve. Et les paramètres de conception de la couche structurale de la chaussée existante doivent être déterminés selon les exigences suivantes :

  1 Faire simplifier la chaussée existante en un système de tricouche composé de la couche en matériaux aux liants bitumineux, de la couche en matériaux stabilisés aux liants inorganiques ou en matériaux granulaires et de la plate-forme, par utilisation de la méthode de l'inversion de bassin de déflexion ou de la méthode de mesure réelle sur les carottes, déterminer les modules de différentes couches structurales.

  2 Pour la résistance à la traction par flexion de la couche en matériaux stabilisés aux liants inorganiques de la chaussée existante, il convient de procéder au calcul d'après la résistance à la compression sans étrainte latérale, mesurée réellement sur le carottage pris in situ et selon la formule (7.4.3), en cas de difficulté, il est possible de la déterminer selon la résistance globale de la chaussée existante, les états de dégâts des couches de base et de surface en associant les expériences locales.

$$R_s = 0,21 R_c \qquad (7.4.3)$$

Dans laquelle :

  R_s—Résistance à la traction par flexion d'éprouvette en matériaux stabilisés aux liants inorganiques (MPa) ;

R_c—Résistance à la compression sans étrainte latérale d'éprouvette en matériaux stabilisé aux liants inorganiques (MPa).

7.4.4 Quand les endommagements de la chaussée existante sont graves ou les performances structurales ne sont pas suffisantes, quelque soit la solution par l'ajout d'un revêtement direct ou par le fraisage jusqu'à une certaine couche structurale, pour effectuer un revêtement, il faut procéder à une vérification structurale sur la couche de revêtement ajoutée. Les paramètres de conception de revêtement de la couche de surface doivent être déterminés selon la structure de la chaussée en construction neuve. Tandis que pour la chaussée existante ou la couche structurale de la chaussée conservée pour utilisation après le fraisage, la vérification structrale n'est plus effectuée, le module de résilience équivalent de sa partie superieure doit être calculé selon la formule (7.4.4).

$$E_d = \frac{176pr}{l_0} \quad (7.4.4)$$

Dans laquelle :

E_d—Module de résilience équivalent de la partie supérieure de la structure de chaussée existante (MPa) ;

p—Chargement sur la plaque de chargement de déflectomètre à masse tombante (MPa) ;

r—Rayon de plaque de chargement de déflectomètre à masse tombante (mm) ;

l_0—Valeur de déflexion du point central de plaque de chargement de déflectomètre à masse tombante (0,01 mm).

7.4.5 Les paramètres de conception des matériaux régénérés peuvent être déterminés selon la mesure réelle ou les expériences de l'ingénierie.

7.4.6 La vérification structurale de la chaussée de reconstruction doit être effectuée selon le processus indiqué dans la figure 7.4.6, elle comprend les contenus principaux suivants :

1　Enquêter et analyser des paramètres de trafic selon l'Annexe A de présentes règles, déterminer le niveau de charge de trafic d'après les stipulations de l'article 3.0.4 de présentes règles.

2　Enquêter et analyser des états techniques de la chaussée existante selon les prescriptions de la section 7.2 de présentes règles.

3　D'après les resultats d'enquête sur les états de la route, diviser en section la chaussée existante. Élaborer préliminairement la solution de reconstruction par tronçon selon les stipulations de la section 7.3 de présentes règles, en associant l'expérience locale de l'ingénierie.

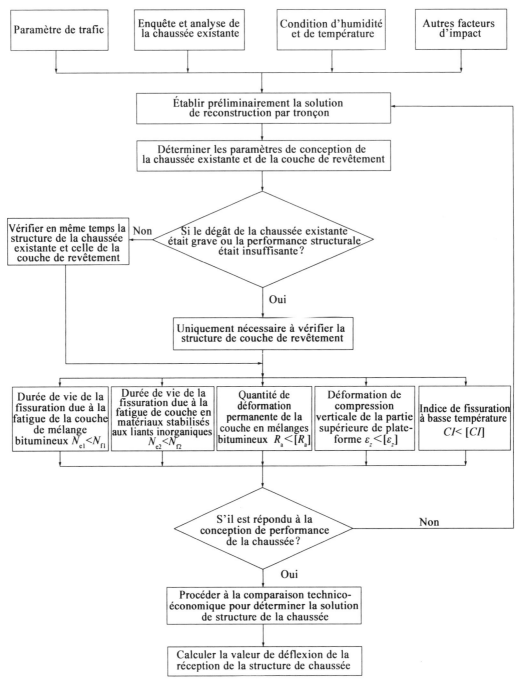

**Figure 7.4.6 Schéma de processus de vérification de
la structure de chaussée reconstruite**

4   D'après les stipulations des articles 7.4.3 à 7.4.5 de présentes règles, déterminer les couches structurales à vérifier et les indicateurs de conception, définir les paramètres de conception tels que les modules de matériaux pour la chaussée existante et la couche de revêtement, etc. et vérifier selon les stipulations du chapitre 5 de présentes règles, la valeur *CBR* de matériaux grenus de la couche de revêtement, la résistance à la compression sans étreinte latérale de matériaux stabilisés aux liants inorganiques, l'exigence de performance de bitume à basse température, la

déformation à la rupture de mélanges bitumineux à basse température, la stabilité dynamique et la résistance à la pénétration ainsi que l'insensibilité à l'eau etc.

5   Collecter les données de température dans la zone où se trouvent le projet, selon l'Annexe G de présentes règles, déterminer les coefficients de réglage de température ou les températures équivalentes correspondants aux différents indicateus de conception.

6   Calculer les quantités de réponse mécanique de différents indicateurs de conception au moyen de programme de la théorie du système élastique en multiple couche.

7   Procéder à la vérification de la structure de chaussée selon l'Annexe B de présentes règles, le résultat de vérification doit être conforme aux stipulations de l'article 3.0.6 de présentes règles, en cas de non-conformité, ajuster la solution de reconstruction de la chaussée pour renouveler la vérification, jusqu'à la conformité.

8   Procéder à l'analyse technico-économique sur la structure de la chaussée passée par la vérification de la structure pour déterminer la solution de reconstruction de la chaussée.

9   Calculer la valeur de déflexion de la réception de la couche de surface de la chaussée reconstruite selon l'Annexe B.7 de présentes règles.

8 Conception de revêtement du tablier de pont

8.1 Règlement général

8.1.1 La conception de revêtement du tablier de pont peut comprendre celle de traitement du tablier de pont, de protection et de drainage de l'eau, de couches de structure de revêtement et de scellement et fermeture des parties de contacts avec les bandes dérasées et les joints de dilatation etc. Lors de la conception, il faut prendre en compte synthétiquement les facteurs tels que le type de pont, la classe de route, le niveau de charge de trafic, la condition climatologique etc.

8.1.2 Pour la structure de couche de revêtement du tablier de pont, il faut être en coordination avec la structure de la chaussée de la ligne principale de route, pour le revêtement en mélanges bitumineux de tablier métallique et de tablier en béton armé de grand et de très grand pont, il convient de faire l'objet d'une étude spéciale.

8.1.3 Le système de protection contre l'eau doit avoir une durabilité suffisante.

8.2 Revêtement du tablier de pont en béton de ciment

8.2.1 Pour le tablier de pont en béton de ciment, il convient de faire l'objet d'un traitement de fraisage ou de grenage, après le grenaillement, la profondeur structurale convient d'être de 0,4 mm à 0,8 mm.

8.2.2 Pour le tablier de pont en béton de ciment disposé d'une couche de nivellement, l'épaisseur de couche de nivellement ne convient pas d'être inférieure à 80 mm, et en plus, il faut disposer un ferraillage selon l'exigence. Le niveau de résistance du béton de la couche de nivellement doit être cohérent avec celui du corps de poutre et la couche de nivellement doit être combinée étroitement avec le tablier de pont.

8.2.3 Les matériaux pour la couche d'étanchéité à l'eau du tablier de pont en béton de ciment doivent avoir une résistance d'adhésion suffisante, une capacité imperméable à l'eau et une intensité résistant aux dommages de construction ainsi qu'une durabilité, il est possible d'utiliser le bitume à chaud ou le film de revêtement, etc.

8.2.4 Pour la couche d'étanchéité à l'eau au bitume chaud, il convient d'adopter le bitume caoutchouc ou le bitme modifié SBS (styrène-butadiène-styrène), l'épaisseur de film bitumineux convient d'être de 1,5 mm à 2,0 mm, le taux de couverture d'épandage de pierres cassées à grosseur du grain simple doit se trouver entre 60% et 70%.

8.2.5 Pour l'épaisseur de la couche de revêtement de mélanges bitumineux du tablier de pont en béton de ciment des autoroutes et routes de première classe, il ne convient pas d'être inférieur à 70 mm, et il convient d'adopter la structure en bicouche ou plus, pour l'épaisseur de la couche supérieure de revêtement de mélanges bitumineux, il ne convient pas d'être inférieur à 30 mm. Pour l'épaisseur de couche de revêtement du tablier de pont des routes en béton de ciment de deuxième classe et inférieures, il ne convient pas d'être inférieur à 50 mm.

8.2.6 Pour le revêtement du tablier de très grand pont, il convient de disposer une couche en mélanges bitumineux à grain de sable. Et la couche en mélanges bitumineux à grain de sable doit avoir une stabilité suffisante à haute température, une étanchéité à l'eau et une intensité résistant aux endommagements de construction, il est possible de choisir le mastic d'asphalte modifié ou le béton bitumineux coulé etc.

8.2.7 La couche de revêtement en mélanges bitumineux du tablier de pont doit avoir un rapport des vides relativement faible, une bonne capacité de stabilité à haute température et une bonne performance antiglissement, il convient de choisir les mélanges bitumineux à granulométrie continue ou macadam mastic d'asphalte etc.

8.2.8 Pour les parties de contact des bandes dérasées, des garde-corps et des joints de dilatation avec la couche de revêtement en mélange bitumineux, il convient d'adopter le bitume à chaud, la bande de joint ou le matériau de scellement pour effectuer le traitement d'étanchéité à l'eau.

8.2.9 Pour la bande du bord de revêtement du tablier de pont, il est possible d'installer le drain longitudinal dans la couche inférieure en mélanges bitumineux, il convient que la largeur soit de 100 mm à 200 mm, il est possible d'adopter le mélange bitumineux à granulométrie ouverte ou les pierres cassées à grosseur de grain simple pour remplissage. Le drain doit être collecté avec l'orifice de vidange de pont.

8.3 Revêtement du tablier de pont métallique

8.3.1　Le tablier métallique de pont doit faire l'objet d'un traitement de grenaillement, le niveau antirouille ne doit pas être inférieur à la classe Sa 2,5, et il faut peinturer à temps la couche antirouille ou d'accrochage.

8.3.2　En ce qui concerne le choix de matériaux d'étanchéité à l'eau pour le tablier métallique de pont, il doit être en coordination avec le type de matériaux de la couche de revêtement.

8.3.3　Pour le revêtement de tablier métallique de pont, il convient d'adopter le béton bitumineux coulé, le béton bitumineux époxy, le mélange bitumineux à granulométrie continue et le macadam bitumineux de mastic ainsi que la combinaison de plusieurs mélanges.

Annexe A
Analyse des paramètres de charges de trafic

A.1　Classification de types de véhicules

A.1.1　Les types d'essieu de véhicules doivent être divisés en 7 classes d'après les catégories de groupes de roue et de groupes d'essieu et selon les stipulations du tableau A.1.1.

Tableau A.1.1　Classification de types d'essieu

Numéro de type d'essieu	Explication de type d'essieu	Numéro de type d'essieu	Explication de type d'essieu
1	Essieu simple (un simple pneu à chaque côté)	5	Double essieu accouplé (deux pneus à chaque côté)
2	Essieu simple (deux pneus à chaque côté)	6	Triple essieu accouplé (un simple pneu à chaque côté)
3	Double essieu accouplé (un simple pneu à chaque côté)	7	Triple essieu (deux pneus à chaque côté)
4	Double essieu accouplé (un simple pneu ou un double pneu à chaque côté)		

A.1.2　Les types de véhicules doivent être divisés en 11 classes selon les combinaisons de types d'essieu listés dans le tableau A.1.2.

Tableau A.1.2　Classification de types de véhicules

Numéro de type de véhicule	Explication	Principaux types de véhicules et tableaux explicatifs		Autres types de véhicules
Classe N° 1	Véhicule à 2 essieux avec 4 pneus	Véhicule de type 11		
Classe N° 2	Car à 2 essieux avec 6 pneus et supérieurs	Car de type 12		Car de type 15
Classe N° 3	Véhicule de marchandises monolithe à 2 essieux avec 6 pneus	Véhicule de marchandises de type 12		
Classe N° 4	Véhicule de marchandises monolithe à 3 essieux (non double essieu avant)	Type de 15		
Classe N° 5	Véhicule de marchandises monolithe à 4 essieux et supérieurs (non double essieu avant)	Type de 17		
Classe N° 6	Véhicule de marchandises monolithe à double essieu avant	Type de 112 et type de 115		Type de 117
Classe N° 7	Véhicule de marchandises semi-remorque à 4 essieux et inférieurs (non double essieu avant)	Type de 125		Type de 122
Classe N° 8	Véhicule de marchandises semi-remorque à 5 essieux (non double essieu avant)	Type de 127 Type de 155		
Classe N° 9	Véhicule de marchandises semi-remorque à 6 esseux et supérieurs (non double essieu avant)	Type de 157		
Classe N° 10	Véhicule de marchandises semi-remorque à double essieu avant	Type de 1127		Type de 1122 Type de 1125 Type de 1155 Type de 1157
Classe N° 11	Véhicule de marchandises avec remorque complète	Type de 1522 Type de 1222		

A.2 Enquête sur les données de trafic

A.2.1 Les enquêtes sur les données de trafic doivent comprendre le volume de trafic et le taux de croissance, le coefficient de la direction, le coefficient de la voie de circulation, la composition de types de véhicule et la composition de groupes d'essieu ainsi que le poids par essieu, etc.

A.2.2 Le volume de trafic dans la période initiale de la route et les autres paramètres peuvent se référer aux données de volume de trafic prévisionnel du rapport d'étude de faisabilité et etc., en associant les données d'observation et de statistique de la station d'observation du trafic local, ou par installation sur place des postes ou des points d'observation, on effectue les observations et statistiques.

A.2.3 Le taux de croissance du volume de trafic moyen annuel peut être déterminé d'après la classe de route, la fonction de route et les situations de développement économique et de transport de la région, au moyen d'enquête et d'analyse.

A.2.4 Il convient que le coefficient de la direction soit déterminé selon les données réellement mesurées sur les volumes de trafic dans les différentes directions, lorsqu'il manque des données réellement mesurées, il est possible de prendre une valeur dans la plage de 0,5 à 0,6.

A.2.5 Les coefficients de voies de circulation peuvent être déterminés selon les trois niveaux suivants, pour la conception de reconstruction, il faut adopter le niveau 1, tandis que pour la conception de la chaussée en construction neuve, il est possible prendre le niveau 2 ou le niveau 3.

1 Niveau 1, déterminer le coefficient de voie de circulation d'après la quantité de véhicules sur les différentes voies de circulation dans la direction de conception par les statistiques des données d'observation de volume de trafic sur place.

2 Niveau 2, adopter la valeur empirique locale.

3 Niveau 3, adopter la valeur recommandée du tableau A.2.5.

Tableau A.2.5 Coefficient de voie de circulation

Nombre de voies de circulation à sens unique	1	2	3	≥4
Autoroute	—	0,70 à 0,85	0,45 à 0,60	0,40 à 0,50
Routes des autres classes	1,00	0,50 à 0,75	0,50 à 0,75	

Note : Lorsque le trafic est affecté grièvement par les véhicules non motorisés et les piétons, la limite inférieure est prise, dans la cas contraire, la valeur élevée est prise.

A.2.6 Le coefficient de répartition des types de véhicule peut être déterminé selon les trois niveaux suivants, la conception de la reconstruction doit adopter le niveau 1, la conception de la chaussée en construction neuve peut adopter le niveau 2 ou le niveau 3.

1 Niveau 1, d'après l'analyse des données d'observation de trafic relative au pourcentage occupé par les types de véhicules de classes 2 à 11, on obtient le coefficient de répartition des types de véhicule.

2 Niveau 2, d'après les données historiques de trafic ou les données empiriques, déterminer la classification de TTC (truck traffic category) de route selon le tableau A.2.6-1, en adoptant la valeur empirique locale de coefficient de distribution des types de véhicules dans la classification TTC.

3 Niveau 3, d'après les données historiques de trafic ou les données empiriques et selon le tableau A.2.6-1, déterminer la classification TTC de route, en adoptant le coefficient de répartition des types de véhicules stipulé dans le tableau A.2.6-2.

Tableau A.2.6-1 Critère de classification TTC de route (%)

Classification TTC	Rapport de véhicules de marchandises monoblocs	Rapport de véhicules de marchandises semi-remorques
TTC1	<40	>50
TTC2	<40	<50
TTC3	40 à 70	>20
TTC4	40 à 70	<20
TTC5	>70	—

Note : Dans le tableau, les véhicules de marchandises monoblocs désignent les véhicules de classes 3 à 6 de tableau A.1.2, les véhicules de marchandises semi-remorques désignent les véhicules de classes 7 à 10 de tableau A.1.2.

Tableau A.2.6-2 Coefficients de répartition des types de véhicules selon la classification de différents TTC (%)

Type de véhicule	Classe 2	Classe 3	Classe 4	Classe 5	Classe 6	Classe 7	Classe 8	Classe 9	Classe 10	Classe 11
TTC1	6,4	15,3	1,4	0,0	11,9	3,1	16,3	20,4	25,2	0,0
TTC2	22,0	23,3	2,7	0,0	8,3	7,5	17,1	8,5	10,6	0,0
TTC3	17,8	33,1	3,4	0,0	12,5	4,4	9,1	10,6	8,5	0,7
TTC4	28,9	43,9	5,5	0,0	9,4	2,0	4,6	3,4	2,3	0,1
TTC5	9,9	42,3	14,8	0,0	22,7	2,0	2,3	3,2	2,5	0,2

A.3 Conversion de charge par essieu de conception équivalente de véhicules

A.3.1 Les coefficients de conversion des charges par essieu de conception équivalente de différents types de véhicules peuvent être déterminés selon les trois niveaux suivants, la conception de la reconstruction des autoroutes et des routes de première classe doit adopter le niveau 1, pour les autres cas, il est possible d'adopter le niveau 2 ou le niveau 3.

1   Pour le niveau 1, collecter consécutivement par emploi de pesage les données des types de véhicules sur la voie de circulation de projet, la composition de types d'essieux, et le poids par essieu, analyser les coefficients de conversion équivalente de différents types de véhicules selon les démarches suivantes :

1) Faire des statistiques respectivement sur les quantités de véhicules de classes 2 à 11 à essieu simple avec un pneu simple, à essieu simple avec deux pneus, à double essieu accouplé et à triple essieu accouplé, elles sont divisées par les quantités totales de véhicules, et ensuite, calculer selon la formule (A.3.1-1), le nombre d'essieux moyens de différents types d'essieux dans les différents types de véhicules.

$$NAPT_{mi} = \frac{NA_{mi}}{NT_m} \qquad (A.3.1\text{-}1)$$

Dans laquelle :

$NAPT_{mi}$ —Nombre d'essieux moyens de i ème type d'essieux dans les véhicules de classe m ;

NA_{mi} —Nombre total de i ème type d'essieux dans les véhicules de classe m ;

NT_m —Nombre total de véhicules de classe m ;

i —Désigne respectivement les véhicules à essieu simple avec un pneu simple, à essieu simple avec deux pneus, à double essieu accouplé et à triple essieu accouplé ;

m —Véhicules de classes 2 à 11 listés dans le tableau A.1.2.

2) Calculer selon la formule (A.3.1-2), le pourcentage occupé dans les intervalles de différentes charges par essieu de différents types d'essieux des véhicules de classes 2 à 11, on obtient le coefficient de répartition de poids par essieu de différents types d'essieu, à savoir, le spectre de charge par essieu. Lors de définition de spectre de charge par essieu, l'essieu simple à un pneu simple, l'essieu simple à deux pneus, le double essieu accouplé et le triple essieu accouplé doivent espacer de 2,5 kN, 4,5 kN, 9,0 kN et 13,5 kN pour diviser les intervalles de poids par essieu.

$$ALDF_{mij} = \frac{ND_{mij}}{NA_{mi}} \qquad (A.3.1\text{-}2)$$

Dans laquelle :

$ALDF_{mij}$ — Coefficients de répartition des poids par essieu de i ème type d'essieu dans l'intervalle de poids par essieu de niveau j pour les véhicules de classe m ;

ND_{mij} — Nombre de i ème type d'essieu dans l'intervalle de poids par essieu de niveau j pour les véhicules de classe m ;

NA_{mi} — Nombre de i ème type d'essieu pour les véhicules de classe m ;

Les significations des autres symboles sont identiques à la formule (A.3.1-1).

3) Calculer selon la formule (A.3.1-3), le coefficient de conversion de charge par essieu de conception équivalente dans les intervalles de différents poids par essieu de différents types d'essieux des véhicules de classes 2 à 11, lors du calcul, prendre les valeurs de points centraux d'intervalles de différentes poids par essieu pour la charge par essieu représentative de cet intervalle de poids par essieu et calculer le coefficient de conversion de charge d'essieu de conception équivalente de véhicules de différentes types selon la formule (A.3.1-4) :

$$EALF_{mij} = c_1 c_2 \left(\frac{P_{mij}}{P_s}\right)^b \quad (A.3.1-3)$$

Dans laquelle :

P_s — Charge par essieu de projet (kN) ;

P_{mij} — Charge par essieu simple dans l'intervalle de poids par essieu de niveau j de i ème type d'essieu pour les véhicules de classe m (kN), pour le double essieu accouplé et le triple essieu accouplé, ils désignent une charge par essieu, distribuée en moyenne sur chaque essieu simple ;

b — Indice de conversion. Lors d'analyse sur la fatigue et la déformation permanente de la couche en mélanges bitumineux, $b=4$; lors d'analyse de la déformation permanente de la plate-forme, $b=5$; lors d'analyse de la fatigue de la couche en matériaux stabilisés aux liants inorganiques, $b=13$;

c_1 — Coefficients de groupe d'essieux, quand l'empattement entre les essieux avant et arrière est supérieur à 3 m, le calcul sera fait respectivement selon un essieu simple, quand l'empattement est inférieur à 3 m, la valeur est prise selon le tableau A.3.1-1 ;

c_2 — Coefficients de groupe de pneus, pour le groupe de pneu double, il est pris à 1,0, en cas d'un pneu simple, la valeur est prise à 4,5.

Tableau A.3.1-1 Prise de valeur de coefficient de groupe d'essieu

Indicateur de conception	Type de pneu-essieu	Prise de valeur c_1
Déformation à la traction au fond de couche en mélanges bitumineux	Double essieu accouplé	2,1
Quantité de déformation permanente de la couche en mélanges bitumineux	Triple essieu accouplé	3,2

suite

Indicateur de conception	Type de pneu-essieu	Prise de valeur c_1
Déformation de compression verticale de la partie supérieur de plate-forme	Double essieu accouplé	4,2
	Triple essieu accouplé	8,7
Contrainte de traction au fond de la couche en matériaux stabilisés aux liants inorganiques	Double essieu accouplé	2,6
	Triple essieu accouplé	3,8

$$EALF_m = \sum_i \left(NAPT_{mi} \sum_j (EALF_{mij} \times ALDF_{mij}) \right) \quad (\text{A.3.1-4})$$

Dans laquelle :

$EALF_m$ —Coefficient de conversion de charge d'essieu de conception équivalente des véhicules de classe m ;

$NAPT_{mi}$ —Nombre d'essieux moyen de i ème type d'essieu de véhicules de classe m ;

$ALDF_{mij}$ —Coefficient de répartition de poids d'essieux dans l'intervalle de niveau j de i ème type d'essieu de véhicules de classe m ;

$EALF_{mij}$ —Coefficient de conversion de charge d'essieu de conception équivalente dans l'intervalle de poids d'essieu de niveau j de i ème type d'essieu de véhicules de classe m, il est déterminé par calcul selon la formule (A.3.1-3).

2 Pour le niveau 2 et le niveau 3, déterminer selon la formule (A.3.1-5), les coefficients de conversion de charge par essieu de conception équivalente des véhicules de différentes classes. En ce qui concerne le rapport entre les véhicules non complètement chargés et complètement chargéss et le coefficient de conversion de charges par essieu de conception équivalente dans la formule (A.3.1-5), lors de niveau 2, la valeur empirique locale est prise, lors de niveau 3, les valeurs empiriques nationales listées dans les tableaux A.3.1-2 et A.3.1-3 sont prises.

$$EALF_m = EALF_{ml} \times PER_{ml} + EALF_{mh} \times PER_{mh} \quad (\text{A.3.1-5})$$

Dans laquelle :

$EALF_{ml}$ —Coefficient de conversion de charge par essieu de la conception équivalente des véhicules non complètement chargés dans les véhicules de classe m ;

$EALF_{mh}$ —Coefficient de conversion de charge par essieu de la conception équivalente des véhicules complètement chargés dans les véhicules de classe m ;

PER_{ml} —Pourcentage occupé des véhicules non complètement chargés dans les véhicules de classe m ;

PER_{mh} —Pourcentage occupé des véhicules complètement chargés dans les véhicules de classe m.

Tableau A.3.1-2   Rapport entre les véhicules non complètement chargés et complètement chargés des véhicules de classes 2 à 11

Type de véhicule	Rapport de véhicules non complètement chargés	Rapport de véhicules complètement chargés
Classe 2	0,80 à 0,90	0,10 à 0,20
Classe 3	0,85 à 0,95	0,05 à 0,15
Classe 4	0,60 à 0,70	0,30 à 0,40
Classe 5	0,70 à 0,80	0,20 à 0,30
Classe 6	0,50 à 0,60	0,40 à 0,50
Classe 7	0,65 à 0,75	0,25 à 0,35
Classe 8	0,40 à 0,50	0,50 à 0,60
Classe 9	0,55 à 0,65	0,35 à 0,45
Classe 10	0,50 à 0,60	0,40 à 0,50
Classe 11	0,60 à 0,70	0,30 à 0,40

Tableau A.3.1-3   Coefficient de conversion de charge par essieu de conception équivalente des véhicules de classes 2 à 11

Tpe de véhicule	Déformation de traction au fond de la couche en mélanges bitumineux, quantité de déformation permanente de la couche en mélanges bitumineux		Contrainte de traction au fond de la couche en matériaux stabilisés aux liants inorganiques		Déformation de compression verticale de la partie supérieure de plate-forme	
	Véhicule non complètement chargé	Véhicule complètement chargé	Véhicule non complètement chargé	Véhicule complètement chargé	Véhicule non complètement chargé	Véhicule complètement chargé
Classe 2	0,8	2,8	0,5	35,5	0,6	2,9
Classe 3	0,4	4,1	1,3	314,2	0,4	5,6
Classe 4	0,7	4,2	0,3	137,6	0,9	8,8
Classe 5	0,6	6,3	0,6	72,9	0,7	12,4
Classe 6	1,3	7,9	10,2	1 505,7	1,6	17,1
Classe 7	1,4	6,0	7,8	553,0	1,9	11,7
Classe 8	1,4	6,7	16,4	713,5	1,8	12,5
Classe 9	1,5	5,1	0,7	204,3	2,8	12,5
Classe 10	2,4	7,0	37,8	426,8	3,7	13,3
Classe 11	1,5	12,1	2,5	985,4	1,6	20,8

A.4 Nombre d'actions cumulé de charge d'essieu de la conception équivalente

A.4.1 D'après le coefficient de conversion de charge par essieu de la conception équivalente des véhicules, défini par la section A.3 de présentes règles, on détermine selon la formule (A.4.1), le nombre d'essieux moyen journalier sur la voie de circulation de projet pour l'année initiale N_1.

$$N_1 = AADTT \times DDF \times LDF \times \sum_{m=2}^{11} (VCDF_m \times EALF_m) \qquad (A.4.1)$$

Dans laquelle :

$AADTT$—Volume de trafic moyen journalier annuel de véhicules à 2 essieux avec 6 pneus et plus dans les deux sens de circulation (véhicule/jour) ;

DDF—Coefficient de la direction ;

LDF—Coefficient de voie de circulation ;

m—Numéro de types de véhicules ;

$VCDF_m$—Coefficient de répartition de types de véhicules de classe m ;

$EALF_m$—Coefficient de conversion de charge par essieu de la conception équivalente des véhicules de classe m.

A.4.2 Il faut calculer le nombre d'actions cumulé de charge par essieu de la conception équivalente sur la voie de circulation de projet N_e selon la formule (A.4.2) et d'après le nombre d'essieux moyen journalier de la voie de circulation de projet de l'année initiale N_1, la durée d'utilisation de projet, etc.

$$N_e = \frac{[(1+\gamma)^t - 1] \times 365}{\gamma} N_1 \qquad (A.4.2)$$

Dans laquelle :

N_e—Nombre d'actions cumulé de charge par essieu de la conception équivalente sur la voie de circulation de projet dans la durée d'utilisation de projet ;

t—Durée d'utilisation de projet (année) ;

γ—Taux de croissance annuel de volume de trafic dans la durée d'utilisation de projet ;

N_1—Nombre d'essieux équivalent moyen journalier sur la voie de circulation de projet de l'année initiale (fois/jour).

Annexe B
Méthode de vérification de la structure de chaussée

B.1 Vérification de la fissuration due à la fatigue de la couche en mélanges bitumineux

B.1.1 La durée de vie de la fissuration due à la fitigue de la couche en mélanges bitumineux doit être calculée d'après la déformation de traction au fond de la couche en mélanges bitumineux, obtenue par l'analyse sur la structure de la chaussée et selon la formule (B.1.1-1).

$$N_{fl} = 6,32 \times 10^{15,96-0,29\beta} k_a k_b k_{Tl}^{-1} \left(\frac{1}{\varepsilon_a}\right)^{3,97} \left(\frac{1}{E_a}\right)^{1,58} (VFA)^{2,72} \quad (B.1.1-1)$$

Dans laquelle :

N_{fl}—Durée de vie de la fissuration due à la fatigue de la couche de mélanges bitumineux (nombre d'essieux) ;

β—Indicateur de fiabilité ciblé, la valeur est prise selon la classe de route et d'après le tableau 3.0.1 ;

k_a—Coefficient de réglage de la zone de sol gelé saisonnière, il est déterminé selon le tableau B.1.1 et par la méthode d'interpolation ;

k_b—Coefficient de mode de chargement de fatigue, il est calculé selon la formule (B.1.1-2) :

$$k_b = \left[\frac{1 + 0,3 E_a^{0,43} (VFA)^{-0,85} e^{0,024 h_a - 5,41}}{1 + e^{0,24 h_a - 5,41}}\right]^{3,33} \quad (B.1.1-2)$$

E_a—Module de compression dynamique de mélanges bitumineux à 20 ℃ (MPa) ;

VFA—Dégré de saturation de bitume des mélanges bitumineux (%), il est déterminée selon les résultats de conception des mélages ou les prescriptions concernées de *Règles techniques d'Exécution des Travaux de la Chaussée bitumée de Route* (JTG F40) en vigueur ;

h_a—Épaisseur de la couche en mélanges bitumineux (mm) ;

k_{Tl}—Coefficient de réglage de température, il sera déterminé selon l'Annexe G de présentes règles ;

ε_a — Déformation de traction au fond de la couche en mélanges bitumineux (10^{-6}). D'après la théorie du système à couches élastiques, sélectionner les points de calcul selon les stipulations de l'article 6.2.2 de présentes règles, effectuer le calcul selon la formule (B.1.1-3) :

$$\varepsilon_a = p\, \overline{\varepsilon}_a \quad (B.1.1\text{-}3)$$

$$\overline{\varepsilon}_a f\left(\frac{h_1}{\delta}, \frac{h_2}{\delta}, \cdots, \frac{h_{n-1}}{\delta}\,;\, \frac{E_2}{E_1}, \frac{E_3}{E_2}, \cdots, \frac{E_0}{E_{n-1}}\right)$$

$\overline{\varepsilon}_a$ — Coefficient de déformation de traction théorique ;

p, δ — Pression de contact du pneu avec le sol de charge par essieu de référence (MPa) et rayon du cercle équivalent (mm) ;

E_0 — Module de résilience de la partie supérieure de plate-forme (MPa) ;

$h_1, h_2, \cdots, h_{n-1}$ — Épaisseurs de différentes couches structurales (mm) ;

$E_1, E_2, \cdots, E_{n-1}$ — Modules de différentes couches structurales (MPa).

Tableau B.1.1   Coefficient de réglage de la zone de sol gelé saisonnière k_a

Zone gelée	Zone fortement gelée	Zone moyennement gelée	Zone légèrement gelée	Autres zones
Indice de gel F (℃ · jour)	≥ 2 000	2 000 à 800	800 à 50	≤ 50
k_a	0,60 à 0,70	0,70 à 0,80	0,80 à 1,00	1,00

B.1.2   La durée de vie de la fissuration due à la fatigue de la couche en mélanges bitumineux doit être supérieure au nombre d'actions cumulé de charges par essieu de la conception équivalente sur la voie de circulation du projet dans la durée d'utilisation du projet. Sinon, il faut réajuster le plan de structure de la chaussée, vérifier de nouveau, jusqu'à la satisfaction des exigences.

B.2   Vérification de la fissuration due à la fatigue de la couche en matériaux stabilisés aux liants inorganiques

B.2.1   La durée de vie de la fissuration due à la fatigue de la couche en matériaux stabilisés aux liants inorganiques doit être calculée selon la formule (B.2.1-1) et d'après la contrainte de traction au fond de la couche en matériaux stabilisés aux liants inorganiques, obtenue par l'analyse structurale de la chaussée.

$$N_{f2} = k_a k_{T2}^{-1} 10^{a - b\frac{\sigma_t}{R_s} + k_c - 0,57\beta} \quad (B.2.1\text{-}1)$$

Dans laquelle :

N_{f2} — Durée de vie de la fissuration due à la fatigue de la couche en matériaux stabilisés aux liants inorganiques (nombre d'essieux) ;

k_a — Coefficient de réglage de la zone de sol gelé saisonnière, il est déterminé selon le tableau

B. 1. 1 ;

k_{T2}—Coefficient de réglage de température, il est déterminé selon l'Annexe G de présentes règles ;

R_s—Résistance à la traction par flexion de matériaux stabilisés aux liants inorganiques (MPa) ;

a, b—Paramètre de régression de l'essai de fatigue, il est déterminé selon le tableau B.2.1-1 ;

k_c—Coefficient de révision synthétique sur place, il est déterminé selon la formule (B.2.1-2) ;

$$k_c = c_1 e^{c_2(h_a + h_b)} + c_3 \quad (B.2.1\text{-}2)$$

c_1, c_2, c_3—Paramètres, les valeurs sont prises selon le tableau B.2.1-2 ;

h_a, h_b—Épaisseurs respectives des couches en matériaux stabilisés aux liants inorganiques et des couches en mélanges bitumineux au dessus du point de calcul ;

β—Indicateur de fiabilité ciblé, la valeur est prise d'après la classe de route et selon le tableau 3.0.1 ;

σ_t—Contrainte de traction au fond de la couche en matériaux stabilisés aux liants inorganiques (MPa), d'après la théorie de système à couches élastiques en sélectionnant les points de calcul suivant les stipulations de l'article 6.2.2 de présentes règles, elle est calculée selon la formule (B.2.1-3) :

$$\sigma_t = p\,\overline{\sigma}_t \quad (B.2.1\text{-}3)$$

$$\overline{\sigma}_t = f\left(\frac{h_1}{\delta}, \frac{h_2}{\delta}, \cdots, \frac{h_{n-1}}{\delta}\, ; \frac{E_2}{E_1}, \frac{E_3}{E_2}, \cdots, \frac{E_0}{E_{n-1}}\right)$$

$\overline{\sigma}_t$—Coefficient de contrainte de traction théorique ;

Les significations des autres symboles sont identiques à la formule (B.1.1-3).

Tableau B. 2. 1-1 Paramètres de modèle de la rupture due à la fatigue de couche en matériaux stabilisés aux liants inorganiques

Type de matériaux	a	b
Matériaux grenus stabilisés aux liants inorganiques	13,24	12,52
Sol stabilisé aux liants inorganiques	12,18	12,79

Tableau B. 2. 1-2 Paramètres corrélatifs de coefficient de révision synthétique in situ k_c

	Couche structurale de la chaussée en construction neuve ou couche structurale de la chaussée existante pour les travaux de reconstruction		Couche de revêtement pour les travaux de reconstruction	
Type de matériaux	Matériaux grenus stabilisés aux liants inorganiques	Sol stabilisé aux liants inorganiques	Matériaux grenus stabilisés aux liants inorganiques	Sol stabilisé aux liants inorganiques
c_1	14,0	35,0	18,5	21,0
c_2	-0,007 6	-0,015 6	-0,01	-0,012 5
c_3	-1,47	-0,83	-1,32	-0,82

B.2.2 La durée de vie de la fissuration due à la fatigue de la couche en matériaux stabilisés aux liants inorganiques doit être supérieure au nombre d'actions cumulé de charge par essieu de la conception équivalente sur la voie de circulation de projet dans la durée d'utilisation de projet. Sinon, il faut réajuster les combinaisons structurales ou les épaisseurs de la chaussée, vérifier de nouveau, jusqu'à la satisfaction des exigences.

B.3 Vérification de la quantité de déformation permanente de la couche en mélanges bitumineux

B.3.1 Pour les différentes couches en mélanges bitumineux, il faut procéder à la division en sous-couches selon les exigences ci dessous, et calculer respectivement les quantités de déformations permanentes de chaque sous-couche.

1 La couche de surface pour laquelle, chaque sous-couche de 10 mm à 20 mm est appliquée.

2 Pour la deuxième couche en mélanges bitumineux, l'épaisseur de chaque sous-couche ne doit pas être supérieure à 25 mm.

3 Pour la troisième couche en mélanges bitumineux, l'épaisseur de chaque sous-couche ne doit pas être supérieure à 100 mm.

4 Pour la quatrième couche et inférieure en mélanges bitumineux, elles sont prises comme une sous-couche.

B.3.2 D'après l'essai de l'ornière sous la condition de référence, on obtient les quantités de déformation permanente par l'essai de l'orniérage de différentes couches de mélanges bitumineux, calculer selon la formule (B.3.2-1), les quantités de déformations permanentes de différentes sous-couches et la quantité de déformation permanente globale des couches en mélanges bitumineux.

$$R_a = \sum_{i=1}^{n} R_{ai} \quad (B.3.2\text{-}1)$$

$$R_{ai} = 2,31 \times 10^{-8} k_{Ri} T_{pef}^{2,93} p_i^{1,80} N_{e3}^{0,48} (h_i/h_0) R_{0i}$$

Dans laquelle :

R_a — Quantité de déformation permanente de couche en mélanges bitumineux (mm) ;

R_{ai} — Quantité de déformation permanente de la i ème sous-couche (mm) ;

n — Nombre de sous-couches ;

T_{pef} — Température équivalente de la déformation permanente de la couche en mélanges bitumineux, elle est déterminée selon l'Annexe G de présentes règles (℃);

N_{e3}—Nombre d'actions cumulé de charge par essieu de projet sur la voie de circulation de projet dans la durée d'utilisation de conception ou dans la période à partir de l'ouverture au trafic jusqu'au premier entretien de l'ornière ciblée, il faut calculer selon l'Annexe A de présentes règles;

h_i—Épaisseur de la i ème sous-couche (mm);

h_0—Épaisseur de l'échantillon de l'essai d'orniérage (mm);

R_{0i}—Quantité de déformation permanente pour l'essai d'orniérage (mm) quand la température d'essai est à 60 ℃ pour les mélanges bitumineux de la i ième sous-couche, la pression spécifique est à 0,7 MPa et le nombre de chargement est de 2 520 fois;

k_{Ri}—Coefficient de révision synthétique, il est calculé selon les formules (B.3.2-2) à (B.3.2-4).

$$k_{Ri} = (d_1 + d_2 \cdot z_i) \cdot 0,973^{z_i} \quad (B.3.2-2)$$

$$d_1 = -1,35 \times 10^{-4} h_a^2 + 8,18 \times 10^{-2} h_a - 14,50 \quad (B.3.2-3)$$

$$d_2 = 8,78 \times 10^{-7} h_a^2 - 1,50 \times 10^{-3} h_a + 0,90 \quad (B.3.2-4)$$

z_i—Profondeur de la i ème sous-couche de couche en mélanges bitumineux (mm), la première sous-couche est prise de 15 mm, pour les autres sous-couches, leurs profondeurs sont de la couche de surface aux points centraux des sous-couches concernées;

h_a—Épaisseur de couche en mélanges bitumineux (mm), quand h_a est supérieur à 200 mm, elle est prise à 200 mm;

p_i—Contrainte de compression verticale de la partie supérieure de la i ème sous-couche de la couche en mélanges bitumineux (MPa), d'après la théorie de système à couches élastiques, sélectionner les points de calcul selon les stipulations de l'article 6.2.2 de presents règles, calculer selon la formule (B.3.2-5):

$$p_i = p \overline{p_i} \quad (B.3.2-5)$$

$$\overline{p_i} = f\left(\frac{h_1}{\delta}, \frac{h_2}{\delta}, \cdots, \frac{h_{n-1}}{\delta}; \frac{E_2}{E_1}, \frac{E_3}{E_2}, \cdots, \frac{E_0}{E_{n-1}}\right)$$

$\overline{p_i}$—Coefficient de contrainte de compression théorique;

Les significations des autres symboles sont identiques à la formule (B.1.1-3).

B.3.3 La quantité de déformation permanente de la couche en mélanges bitumineux, obtenu par la vérification doit satisfaire aux exigences de la quantité de déformation permanente admissible de tableau 3.0.6-1. Sinon, il faut réajuster la conception de mélanges bitumineux, jusqu'à la satisfaction des exigences.

B.3.4 Les mélanges bitumineux satisfaisant les exigences de la quantité de déformation permanente admissible de la couche en mélanges bitumineux doivent également satisfaire aux exigences de la stabilité dynamique exigées par l'essai d'orniérage de référence de l'article 5.5.7, sa quantité de déformation permanente R_0 correspondante à la stabilité dynamique peut être prise comme les exigences de qualité de mélanges bitumineux et les indicateurs de contrôle de l'exécution des travaux. Quand la température d'essai d'orniérage de référence est de 60 ℃, la pression spécifique est de 0,7 MPa, l'épaisseur d'échantillon est de 50 mm et le nombre de chargement est de 2 520 fois, la stabilité dynamique de mélanges bitumineux DS peut être calculée d'après la quantité de déformation permanente R_0 et selon la formule (B.3.4).

$$DS = 9\,365 R_0^{-1,48} \tag{B.3.4}$$

Dans laquelle :

DS—Stabilité dynamique de mélanges bitumineux (fois/mm).

B.4 Vérification de déformation de compression verticale de la partie supérieure de la plate-forme

B.4.1 La déformation de compression verticale admissible de la partie supérieure de la plate-forme doit être déterminée par calcul selon la formule (B.4.1).

$$[\varepsilon_z] = 1,25 \times 10^{4-0,1\beta}(k_{T3}N_{e4}) - 0,21 \tag{B.4.1}$$

Dans laquelle :

$[\varepsilon_z]$—Déformation de compression verticale admissible de la partie supérieure de la plate-forme (10^{-6}) ;

β—Indicateur de fiabilité ciblé, la valeur est prise selon la classe de route et d'après le tableau 3.0.1 ;

N_{e4}—Nombre d'actions cumulé de la charge par essieu de la conception équivalente sur la voie de circulation dans la durée d'utilisation du projet, il est calculé d'après l'Annexe A de présentes règles ;

k_{T3}—Coefficient de réglage de la température, il est déterminé selon l'Annexe G de présentes règles.

B.4.2 Il faut sélectionner les points de calcul selon les stipulations de l'article 6.2.2 de présentes règles, d'après la théorie de système à couches élastiques, calculer la déformation de compression verticale de la partie supérieure de la plate-forme selon la formule (B.4.2). La déformation de compression verticale de la partie supérieure de la plate-forme doit être inférieure à la valeur de déformation de compression admissible. Sinon, il faut réajuster le plan structural de la chaussée, vérifier de nouveau, jusqu'à la satisfaction des exigences.

$$\varepsilon_z = p\,\overline{\varepsilon_z} \tag{B.4.2}$$

$$\overline{\varepsilon_z} = f\left(\frac{h_1}{\delta}, \frac{h_2}{\delta}, \cdots, \frac{h_{n-1}}{\delta}\,;\, \frac{E_2}{E_1}, \frac{E_3}{E_2}, \cdots, \frac{E_0}{E_{n-1}}\right)$$

Dans laquelle :

$\overline{\varepsilon_z}$— Coefficient de déformation de compression verticale théorique ;

Les significations des autres symbloles sont identiques à la formule (B.1.1-3).

B.5 Vérification de l'indice de fissuration à basse température de la couche de surface bitumée

B.5.1 Pour la couche de surface bitumée dans la zone de sol gelé saisonnière, il faut vérifier son indice de fissuration à basse température CI selon la formule (B.5.1).

$$CI = 1,95 \times 10^{-3} S_t \lg b - 0,075(T + 0,07 h_a) \qquad (B.5.1)$$

Dans laquelle :

CI—Indice de fissuration à basse température de la couche de surface bitumée ;

T—Température de conception de la couche de surface de la chaussée à basse température (°C), elle désigne la valeur moyenne minimale annuelle de température pendant les 10 années consécutives ;

S_t—Rigidité au fluage (MPa) dans la condition de température d'essai plus de 10 °C ajouté à la température de conception de la chaussée à basse température, et au chargement de 180 s pour les essais rhéologiques de poutre incurvée d'asphalte de la couche de surface ;

h_a—Épaisseur de la couche en matériaux aux liants hydrocarbonés (mm) ;

b—Paramètre de type de plate-forme, pour sable, $b = 5$, pour argile silteuse, $b = 3$, pour argile, $b = 2$.

B.5.2 La valeur d'indice de fissuration à basse température de la couche de surface bitumée doit satisfaire aux exigences de tableau 3.0.6-2. Sinon, il faut changer les matériaux d'asphalte sélectionnés, jusqu'à la satisfaction des exigences.

B.6 Vérification d'épaisseur antigel

B.6.1 Lorsque la plate-forme support de route dans la zone du sol gelé saisonnière est en état moyennement humide ou humide, il faut calculer la profondeur maximale gelée pendant de nombreuses années de la route selon la formule (B.6.1).

$$Z_{\max} = abcZ_d \qquad (B.6.1)$$

Dans laquelle :

$Z_{\max}$—Profondeur maximale gelée pendant de nombreuses années de la route (mm) ;

Z_d—Profondeur maximale gelée de la terre pendant de nombreuses années (mm), elle est déterminée selon les données d'enquête ;

a—Coefficient de propriété thermophysique des différentes couches en matériaux de la plate-forme et de la chaussée de route dans le domaine de profondeur gelée de la terre, il est déterminé selon le tableau B.6.1-1 ;

b—Coefficient d'humidité de la plate-forme, il est déterminé selon le tableau B.6.1-2 ;

c—Coefficient de forme de profil de la plate-forme, il est déterminé selon la méthode d'interpolation et d'après le tableau B.6.1-3.

Tableau B.6.1-1 Coefficient de propriété thermophysique des matériaux de la plate-forme et de la chaussée *a*

Matériau de plate-forme	Sol argileux	Sol silteux	Sable silteux	Sable à sol à grain fin, sable à sol argileux	Gravier (sable) contenant le sol à grain fin
Coefficient de propriété thermo-physique	1,05	1,10	1,20	1,30	1,35
Matériau de chaussée	Béton de ciment	Matéruaux aux liants bitumineux	Pierres cassées graduées	Matériau grenu stabilisé aux chaux-cendres de charbon ou au ciment	Sol chaux-cendre de charbon et sol-ciment
Coefficient de propriété thermo-physique	1,40	1,35	1,45	1,40	1,35

Tableau B.6.1-2 Coefficient d'humidité de la plate-forme *b*

Type sec ou humide	Sec	Moyennement humide	humide
Coefficient d'humidité	1,0	0,95	0,90

Tableau B.6.1-3 Coefficient de forme de profil de la plate-forme *c*

Forme de remblai ou déblai et la hauteur (profondeur)	Hauteur de remblaiement de plate-forme					Profondeur de déblaiement de la plate-forme			
	Remplissage sporadique	< 2 m	2 m à 4 m	4 m à 6 m	> 6 m	< 2 m	2 m à 4 m	4 m à 6 m	> 6 m
Coefficient de forme de profil	1,0	1,02	1,05	1,08	1,10	0,98	0,95	0,92	0,90

B.6.2 D'après la profondeur maximale gelée pendant de nombreusex années de route, vérifier l'épaisseur antigel de la chaussée selon les stipulations de tableau B.6.2. Quand l'épaisseur structurale de la chaussée est inférieure à celle antigel minimale stipulée par le tableau B.6.2, il faut aménager par supplément une couche antigel de sorte qu'elle puisse satisfaire les exigences de l'épaisseur minimale antigel.

Tableau B.6.2 Épaisseur minimale antigel de la structure de chaussée bitumée (mm)

Nature de sol de plate-forme	Types de Matériaux de couche de base et de couche de fondation	Épaisseur minimale antigel correspondante à la profondeur maximale gelée pendant de nombreuses années Z_{max} (mm) des routes ci dessous et épaisseur minimale antigel des types secs et humides de plate-forme							
		Moyennement humide				Humide			
		500 à 1 000	1 000 à 1 500	1 500 à 2 000	>2 000	500 à 1 000	1 000 à 1 500	1 500 à 2 000	>2 000
Sol argileux Sol de limon sableux fin	Matériaux grenus	400 à 450	450 à 500	500 à 600	600 à 700	450 à 550	550 à 600	600 à 700	700 à 800
	Matériaux stabilisés au ciment ou à la chaux, béton de ciment	350 à 400	400 à 450	450 à 550	550 à 650	400 à 500	500 à 550	550 à 650	650 à 750
	Matériaux stabilisés au ciment-cendre de charbon ou aux chaux-cendres de charbon, matériaux aux liants bitumineux	300 à 350	350 à 400	400 à 500	500 à 550	350 à 450	450 à 500	500 à 550	550 à 700
Sol silteux	Matériaux grenus	450 à 500	500 à 600	600 à 700	700 à 750	500 à 600	600 à 700	700 à 800	800 à 1 000
	Matériaux stabilisés au ciment ou à la chaux, Béton de ciment	400 à 450	450 à 500	500 à 600	600 à 700	450 à 550	550 à 650	650 à 700	700 à 900
	Matériaux stabilisés au ciment-cendre de charbon ou aux chaux-cendres de charbon, Matériaux aux liants bitumineux	300 à 400	400 à 450	450 à 500	500 à 650	400 à 500	500 à 600	600 à 650	650 à 800

Note : 1. Dans le *Critère de Zonage naturel de Route* (JTJ 003) en vigueur, pour la zone dont le coefficient d'humidité est inférieur à 0,5, les épaisseurs antigels des zones arides II, III, IV etc. peuvent être diminuées de 15% à 20% par rapport aux valeurs du tableau.

2. Pour la plate-forme de sol sableux de la zone II, l'épaisseur antigel doit être diminuée en correspondance de 5% à 10%.

3. Quand la profondeur maximale gelée pendant de nombreusex années de route est grande, la valeur est prise près de la limite supérieure, au cas contraire, la valeur est prise près de la limite inférieure.

4. Quand la couche de base et la couche de fondation utilisent des matériaux différents, l'épaisseur antigel est déterminée en fonction de type de matériaux dont l'épaisseur est relativement plus grande.

B.7 Valeur de déflexion de réception pour la structure de la chaussée de projet

B.7.1 La valeur de déflexion de réception pour la partie supérieure de la plate-forme l_g doit être calculée selon la formule (B.7.1).

$$l_g = \frac{176pr}{E_0} \qquad (B.7.1)$$

Dans laquelle :

l_g—Valeur de déflexion de réception de la partie supérieure de la plate-forme (0,01 mm) ;

p—Application de la charge sur la plaque de support de déflectomètre à masse tombante (MPa) ;

r—Rayon de plaque de support de déflectomètre à masse tombante (mm) ;

E_0—Module de résilience de la partie supérieure de la plate-forme en état d'humidité d'équilibre (MPa).

B.7.2 Il convient d'adopter le déflectomètre à masse tombante pour procéder à la réception de la plate-forme, La charge pour le déflectomètre à masse tombante est de 50 kN, le rayon de plateau de charge doit être de 150 mm. La valeur de déflexion représentative mesurée réellement de la partie supérieure de la plate-forme l_0 doit se conformer aux exigences de la formule (B.7.2-1).

$$l_0 \leq l_g \qquad (B.7.2-1)$$

Dans laquelle :

l_g—Valeur de déflexion de réception de la partie supérieure de la plate-forme (0,01 mm) ;

l_0—Valeur représentative de la déflexion de la partie supérieure de la plate-forme réellement mesurée (0,01 mm), un tronçon de 1 km à 3 km est pris comme un tronçon de route à évaluer, il est calculé selon la formule (B.7.2-2) ;

$$l_0 = (\overline{l_0} + \beta \cdot s) K_1 \qquad (B.7.2-2)$$

$\overline{l_0}$—Valeur moyenne de déflexion de la partie supérieure de la plate-forme réellement mesurée dans le tronçon de route (0,01 mm) ;

s—Écart type de déflexion de la partie supérieure de la plate-forme réellement mesurée dans le tronçon de route (0,01 mm) ;

β—Indicateur de fiabilité ciblé, la valeur est prise d'après la classe de route et selon le tableau 3.0.1 ;

K_1—Coefficient d'influence d'humidité de la déflexion de la partie supérieure de la plate-forme, il est déterminé selon les expériences locales.

B.7.3 La valeur de déflexion de réception de la surface de route l_a doit être calculée d'après la structure de la chaussée du projet, en adoptant la théorie de système à couches élastiques et selon la formule (B.7.3). Les paramètres de couches structurales de la chaussée doivent être cohérents lors de vérification de la structure de chaussée. Le module de résilience de la partie supérieure de la plate-forme doit adopter celui en état d'humidité d'équilibre, multiplié par le coefficient de réglage de module k_1.

$$l_a = p\,\overline{l_a} \qquad (\text{B.7.3})$$

$$\overline{l_a} = f\left(\frac{h_1}{\sigma}, \frac{h_2}{\sigma}, \cdots, \frac{h_{n-1}}{\delta} \;;\; \frac{E_2}{E_1}, \frac{E_3}{E_2}, \cdots, \frac{k_1 E_0}{E_{n-1}}\right)$$

Dans laquelle :

- $\overline{l_a}$ — Coefficient de déflexion théorique ;
- k_1 — Coefficient de réglage du module de résilience de la partie supérieure de la plate-forme. Pour les chaussées bitumées sur la couche de base en matériaux stabilisés aux liants inorganiques et sur la couche de base en béton de ciment, il est pris à 0,5 ; tandis que pour les chaussées bitumées sur la couche de base en matériaux grenus et sur la couche de base aux liants bitumineux, quand on adopte les liants inorganiques pour stabiliser la couche de fondation, il est pris à 0,5, sinon, il est pris à 1,0 ;
- E_0 — Module de résilience de la partie supérieure de la plate-forme en état d'humidité d'équilibre (MPa).

Les significations des autres symboles sont identiques à la formule (B.1.1-3).

B.7.4 Lors de livraison (achèvement) de l'ouvrage de la chaussée, il faut procéder au test de valeur de déflexion de la surface de route. La valeur représentative du point central de déflectomètre à masse tombante doit se conformer aux exigences de la formule (B.7.4-1) :

$$l_0 \leqslant l_a \qquad (\text{B.7.4-1})$$

Dans laquelle :

- l_a — Valeur de la déflexion de la réception de la surface de route (0,01 mm) ;
- l_0 — Valeur représentative de déflexion de la surface de route réellement mesurée (0,01 mm) dans le tronçon de route, chaque tronçon de 1 km à 3 km est pris comme un tronçon de route d'évaluation, il est calculé selon la formule (B.7.4-2) ;

$$l_0 = (\overline{l_0} + \beta \cdot s) K_1 K_3 \qquad (\text{B.7.4-2})$$

$\overline{l_0}$ — Valeur de déflexion moyenne réellement mesurée de la surface de route dans le tronçon de route (0,01 mm) ;

s — Écart type de déflexion de la surface de route réellement mesurée dans le tronçon de route (0,01 mm) ;

β — Indicateur de fiabilité ciblé, la valeur est prise d'après la classe de route et selon le tableau 3.0.1 ;

K_1 — Coefficient d'influence d'humidité de la déflexion de la surface de route, d'après la valeur de déflexion réellement mesurée, par le contre-calcul, on obtient la valeur de module de la plate-forme, et après la révision sur la valeur de module de la plate-forme, on obtient la valeur de module de la structure et ensuite, on obtient le coefficient de révision d'humidité de la déflexion K_1 dans l'état de test, ou il est déterminé selon les expériences locales ;

K_3—Coefficient d'influence d'humidité de la déflexion de la surface de route, il est déterminé selon la formule (B.7.4-3) ;

$$K_3 = e^{[9 \times 10^{-6}(\ln E_0 - 1)h_a + 4 \times 10^{-3}](20 - T)} \quad (B.7.4\text{-}3)$$

T—Température réellement mesurée ou estimée du point central de couche en matériaux aux liants bitumineux, lors de mesure de déflexion (℃) ;

h_a—Épaisseur de couche en matériaux aux liants bitumineux (mm) ;

E_0—Module de résilience de la partie supérieure de la plate-forme en état d'humidité d'équilibre (MPa).

Annexe C
Solution structurale de la chaussée bitumée

C.0.1 Lorsque les niveaux de charges de trafic sont différents, les combinaisons d'épaisseurs de couches de structure de la chaussée bitumée peuvent être choisies en se référant aux tableaux C.0.1-1 à C.0.1-6 et elles peuvent également être déterminées selon les expériences des travaux locaux.

Tableau C.0.1-1 Plage d'épaisseurs de chaussées sur la couche de base en matériaux stabilisés aux liants inorganiques (ayant la couche de fondation en matériaux granulaires) (mm)

Niveaux de charge de trafic	Extrêmement lourds, spécialement lourds	Lourds	Moyennement lourds	Légers
Couche de surface	250 à 150	250 à 150	200 à 100	150 à 20
Couche de base (en matériaux stabilisés aux liants inorganiques)	600 à 350	550 à 300	500 à 250	450 à 150
Couche de fondation (en matériaux grenulaires)	200 à 150			

Tableau C.0.1-2 Plage d'épaisseurs de chaussée sur la couche de base en matériaux stabilisés aux liants inorganiques (ayant la couche de fondation en matériaux stabilisés aux liants inorganiques) (mm)

Niveaux de charge de trafic	Extrêment lourds, spécialement lourds	Lourds	Moyennement lourds	Légers
Couche de surface	250 à 120	250 à 100	200 à 100	150 à 20
Couche de base (en matériaux stabilisés aux liants inorganiques)	500 à 250	450 à 200	400 à 150	500 à 200
Couche de fondation (en matériaux stabilisés aux liants inorganiques)	200 à 150			—

Tableau C. 0. 1-3 Plage d'épaisseurs de la chaussée sur la couche de base en matériaux **granulaires** (ayant la couche de fondation en matériaux granulaires) (mm)

Niveaux de charge de trafic	Lourds	Moyennement lourds	Légers
Couche de surface	350 à 200	300 à 150	200 à 100
Couche de base (en matériaux granulaires)	450 à 350	400 à 300	350 à 250
Couche de fondation (en matériaux granulaires)	200 à 150		

Tableau C. 0. 1-4 Plage d'épaisseurs de la chaussée sur la couche de base en matériaux aux **liants bitumineux** (ayant la couche de fondation en matériaux granulaires) (mm)

Niveaux de charge de trafic	Lourds	Moyennement lourds	Légers
Couche de surface	150 à 120	120 à 100	80 à 40
Couche de base (en matériaux aux liants bitumineux)	250 à 200	220 à 180	200 à 120
Couche de fondation (en matériaux granulaires)	400 à 300	400 à 300	350 à 250

Tableau C. 0. 1-5 Plage d'épaisseurs de la chaussée sur la couche de base en matériaux **aux liants bitumineux** (ayant la couche de fondation en matériaux stabilisés aux liants inorganoques) (mm)

Niveaux de charge de trafic	Extrêmement lourds, spécialement lourds	Lourds	Moyennement lourds	Légers
Couche de surface	120 à 100	120 à 100	100 à 80	80 à 40
Couche de base (en matériaux aux liants bitumineux)	180 à 120	150 à 100	150 à 100	100 à 80
Couche de fondation (en matériaux stabilisés aux liants inorganiques)	600 à 300	600 à 300	550 à 250	450 à 200

Tableau C. 0. 1-6 Plage d'épaisseurs de chaussée sur la couche de base en matériaux aux liants **bitumineux** (ayant la couche de fondation en matériaux granulaires + liants inorganiques) (mm)

Niveaux de charge de trafic	Extrêmement lourds, spécialement lourds	Lourds	Moyennement lourds	Légers
Couche de surface	120 à 100	120 à 100	100 à 80	80 à 40
Couche de base (en matériaux aux liants bitumineux)	240 à 160	180 à 120	160 à 100	100 à 80
Couche de fondation (en matériaux granulaires)	200 à 150	200 à 150	200 à 150	200 à 150
Couche de fondation (en matériaux aux liants inorganiques)	400 à 200	400 à 200	350 à 200	250 à 150

C.0.2 L'épaisseur de la couche structurale doit être sélectionnée selon les facteurs tells que le niveau de charge de trafic, la capacité portante de la plate-forme, etc. quand le niveau de charge de trafic est élevé, la capacité portante de la plate-forme est faible, il convient de prendre l'épaisseur près de la limite élevée ou dans une plage d'épaisseur de la chaussée dont on se référe à un niveau de charge de trafic plus élevé, dans le cas contraire, il est possible de prendre la valeur près de la limite inférieure ou on fait référence à un niveau de charge de trafic plus inférieure pour la plage d'épaisseur de la chaussée.

Annexe D
Méthode d'essai de module de résilience de matériaux granulaires

D.1 Champ d'application

D.1.1 La présente méthode est applicable pour tester le module de résilience des matériaux granulaires par l'essai de compression dynamique triaxiale.

D.1.2 Les éprouvettes mises en forme peuvent être compactés par les méthodes telles que le compactage par choc, le compactage par charge statique et le compactage par vibration, etc.

D.2 Instrument et équipement

D.2.1 Le testeur triaxial dynamique peut être divisé en types de position externe et interne selon la position de capteur, indiquées dans la figure D.2.1.

D.2.2 La chambre de pression triaxiale doit être confectionnée avec le polycarbonate, l'acrylate ou les autres matériaux transparents, il convient que la pression latérale adopte la pression pneumatique.

D.2.3 Le chargement doit être de type de chargement par le haut, il convient d'adopter les dispositifs électro-hydrauliques ou électro-pneumatiques en circuit fermé, ils peuvent produire les charges d'impulsions de demi-sinusverse à cycle répétitif, indiqué dans la figure D.2.3, la forme d'onde de charge doit être en mesure de s'afficher en temps réel.

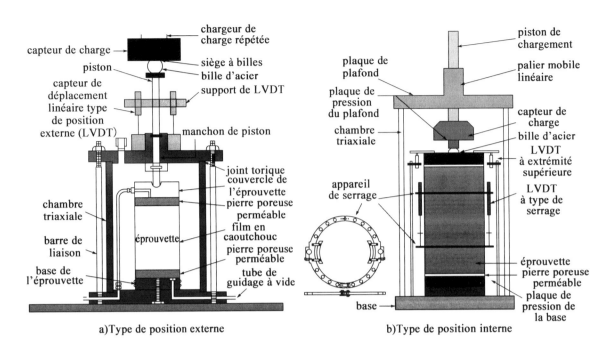

Figure D.2.1 Testeur triaxial dynamique

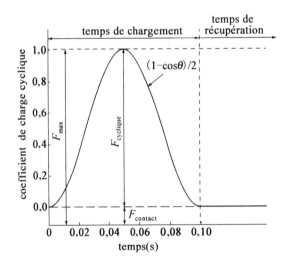

Figure D.2.3 Onde de chargement de demi-sinusverse

D.2.4 Pour la mesure de la charge axiale, il faut utiliser le capteur de charge électronique. La capacité de chargement et la précision doivent satisfaire aux exigences du tableau D.2.4.

Tableau D.2.4 Exigences de capacité et de précision de chargement de capteur de charge

Diamètre de l'éprouvette (mm)	Capacité de chargement (kN)	Exigences de précision (N)
100	≥9,0	±18,0
150	≥22,0	±22,0

D.2.5 Pour la mesure de déformation axiale, il est possible d'utiliser l'instrument de mesure de déformation optique, le capteur d'approche sans contact et le transducteur différentiel à variation linéaire. Les capteurs de différentes catégories doivent se conformer aux exigences suivantes :

1 Pour l'instrument de mesure de déformation optique, il faut utiliser un instrument avec signal de sortie numérique analogique dont la résolution ne doit pas être inférieure à 0,005 mm, la réponse en fréquence ne doit pas être inférieure à 200 Hz, la linéarité ne doit pas être supérieure à ±1%, la gamme de mesure de déplacement ne doit pas être inférieur à 12,7 mm, la plage mesurable de la longueur est de 63,5 mm à 127,0 mm.

2 Le capteur d'approche sans contact et le transducteur différentiel à variation linéaire doivent satisfaire aux exigences du tableau D.2.5.

Tableau D.2.5 Exigences techniques de capteur d'approche sans contact et de transducteur différentiel à variation linéaire

Diamètre de l'éprouvette (mm)	Gamme de mesure minimale (mm)	Déplacement de rebond de l'éprouvette* (mm)	Sortie minimale AC (mv)	Précision minimale de transducteur différentiel à variation linéaire (mV/V)	Précision minimale de capteur d'approche sans contact (mV/V)
150	± 6,0	0,025	6	2,1	—
100	± 2,5	0,015	5	2,8	5

Note : * Désigne le déplacement de rebon minimum mesuré au point 1/2 dans la partie centrale de l'éprouvette ayant deux fois la hauteur du diamètre. Lorsque la mesure de longueur est effectuée par les autres méthodes, pour lesquelles, il faut procéder à la révision.

D.2.6 Le système de collection des données doit pouvoir traiter automatiquement les données et il est équipé de dispositif d'excitation de signal, de réglage et de collection pour lequel, il est demandé que la précision de mesure ne soit pas inférieure à ± 0,02% et la non-linéarité ne soit pas supérieure à ± 0,5%.

D.2.7 La chambre triaxiale doit être contrôlée par un régulateur de pression dont la capacité portante n'est pas inférieure à 210 kPa, la précision n'est pas inférieure à 1,0 kPa. pour l'inspection de pression, il faut utiliser le pressiomètre conventionnel, le pressiographe ou le capteur de pression, la précision est portée à 1,0 kPa.

D.2.8 Les autres outils doivent comprendre le diamétreur, le micromètre, la règle d'acier étalonné à 0,5 mm, le film en caoutchouc épais de 0,25 mm à 0,79 mm, les joints toriques, la source de vide avec chambre à air et régulateur, l'applicateur de film, la pierre poreuse perméable d'épaisseur de 6,4 mm ou le plateau en bronze poreux perméable, la balance, le pot gradué d'humidité et les tableaux d'enregistrement de données, ainsi que les formulaires de rapport.

D.3　Préparation d'échantillons

D.3.1　La taille de l'éprouvette en matériaux grenus dont la grosseur maximale est supérieure à 19 mm est de : diamètre × hauteur = ϕ150 mm ×300 mm, lors de prépation d'échantillons, il faut éliminer par tamisage les grains dont la grosseur est supérieure à 26,5 mm. La taille de l'éprouvette en matériaux grenus dont la grosseur maximale est inférieure à 19 mm est de : diamètre × hauteur = ϕ100 mm ×200 mm.

D.3.2　Pour la teneur en eau ciblé d'échantillons compactés au laboratoire, il faut adopter la teneur en eau optimale de l'essai de compactage par choc, l'écart entre la teneur en eau d'échantillon de l'essai de compactage au laboratoire et la teneur en eau ciblé ne doit pas dépasser ± 0,5%.

D.3.3　Pour les échantillons compactés au laboratoire, il faut adopter la densité sèche correspondante aux exigences de taux de compactage sur place, dans le cas où il manque le taux de compactage sur place, il est possible d'adopter 95% de la densité sèche maximale de l'essai de compactage, tandis que l'écart entre la densité de compactage par choc au laboratoie et le taux de compactage ciblé ne doit pas dépasser ±1,0%.

D.4　Procédure d'essai

D.4.1　Avant de commencer l'essai de chaque groupe, il faut procéder à l'étalonnage du système de test.

D.4.2　Il faut assembler les éprouvettes d'essai selon les procédures et exigences suivantes :

1. Sous les éprouvettes, il faut poser successivement le plateau de pression de la base et la pierre poreuse perméable imbibée au préalable. Quand il existe le problème d'obturation de la pierre poreuse perméable, il faut mettre le papier filtre entre l'éprouvette et la pierre poreuse perméable imbibée au préalable.

2. Mettre l'éprouvette sur la pierre poreuse perméable, poser le film en caoutchouc sur un applicteur de film. Appliquer l'action de vide sur l'applicteur de film, emmancher le film en caoutchouc sur l'éprouvette et poser successivement la pierre poreuse perméable imbibée au préalable et le plateau de pression de plafond, ensuite, supprimer l'action de vide et déplacer en dehors l'applicateur de film.

3 Plier et fermer ensemble le film en caoutchouc, employer les joints toriques ou les autres mesures d'étanchéité par pression pour fermer les deux extémités de films en caoutchouc sur les plaques de pression du plafond et de la base. Entre les films en caoutchouc, l'éprouvette et les plateaux de pression des deux extrémités, il faut maintenir le contact serré, avec l'étanchéité à l'air, il est possible d'appliquer, au tour des plaques de pression d'extrémté, de l'huile sous vide.

D.4.3 Mettre l'éprouvette déjà assemblée sur la base de la chambre triaxiale. Connecter par le média de la chambre d'air les tuyaux de drainage au fond de l'éprouvette avec la source de vide et ensuite, appliquer la charge de vide de 35 kPa. Quand il existe la bulle d'air, il faut examiner et éliminer la cause conduisant la fuite. Pour les trous de fuite du film en caoutchouc, qui conduisent à la fuite, il est possible d'appliquer le latex liquide sur la surface de film en caoutchouc ou d'emmancher le deuxième film en caouthouc pour les éliminer. Après l'exclusion du phénomène de la fuite, déconnecter la source de vide, et nettoyer soigneusement les joints toriques destinés aux étanchéités et les autres surfaces de contact.

D.4.4 Il faut assembler les appareils selon les procédures et exigences suivantes :

1 Couvrir la plaque de couvercle de plafond sur la chambre triaxiale, insérer le piston de chargement, de sorte qu'il soit connecté étroitement au capteur de charge et en même temps, connecté avec la tige de piston et le dispositif de chargement. Visser uniformément et étroitement, au moyen de clé, les barres de liaison, et boulonner solidement la chambre triaxiale sur la base. Examiner la plaque de plafond de la chambre triaxiale, afin d'assurer qu'elle soit maintenue dans le même plan horizontal, il est possible d'utiliser le niveau d'eau déjà étalonné pour vérification.

2 Pour la chambre triaxiale bien fixée, mettre l'éprouvette sous le dispositif de chargement répétitif axial, utiliser la bille d'acier lisse pour connecter le dispositif de chargement et l'éprouvette, quand le piston est en contact étroit avec la bille tout en appliquant un peu d'action de charge sur l'éprouvette, tourner doucement la bille d'acier en axant l'éprouvette, assurant que la bille et le piston sont coaxials et déplacer latéralement l'éprouvette pour obtenir la charge coaxiale.

3 Pour la chambre triaxiale déplaçable, déplacer la chambre sous le dispositif de chargement répétitif et faire un positionnement précis pour assurer d'appliquer précisément la charge axiale sur l'éprouvette.

4 Installer le système de mesure de déplacement axial et procéder à la vérification.

D.4.5 Ouvrir toutes les vannes de tuyaux de drainage connectant l'éprouvette, brancher les tuyaux d'alimentation de pression confinée et la chambre triaxiale, appliquer la pression de confinement de charge préalable de 105,0 kPa sur l'éprouvette. Appliquer au moins 1 000 fois sur l'éprouvette, la charge d'impulsion de demi-sinusverse de 231,0 kPa de contrainte maximale axiale, avec le temps de chargement de 0,1 s, durée de la récupération de 0,9 s. Lorsque la déformation permanente verticale atteint 5% de la hauteur de l'éprouvette, il faut arrêter la charge préalable, analyser la cause de la déformation excessive de l'éprouvette, si nécessaire, il faut refaire la confection de l'éprouvette pour test. Quand la déformation permanente de l'éprouvette atteint de nouveau 5% pendant la période de charge préalable, l'essai doit être arrêté et prendre les enregistrements pour explication.

D.4.6 D'après la séquence de chargement 1 du tableau D.4.6, réajuster la contrainte axiale maximale à 14,0 kPa, la pression confinée à 20,0 kPa. sous le niveau de contrainte cyclique axiale correspondante, appliquer 100 fois la charge d'impulsion de demi-sinusverse, avec le temps de chargement de 0,1 s, durée de récupération de 0,9 s, enregistrer la valeur moyenne de la déformation de résilience pour les 5 derniers cycles. Après l'achèvement de séquence de chargement 1, à partir de la séquence de chargement 2 jusqu'à la séquence de chargement 25, changer consécutivement les niveaux de contraintes pour procéder aux tests susmentionnés et enregistrer les valeurs moyennes de déformation de résilience pour les 5 derniers cycles de chaque séquence de chargement. Au cours d'essai, à chaque fois que la déformation permanente verticale de l'éprouvette atteint 5% de la hauteur d'éprouvette, il faut arrêter l'essai et enregistrer le résultat.

Tableau D.4.6 Séquence de chargement

N° de séquence de chargement	Contrainte de confinement σ_3 (kPa)	Contrainte de contact $0,2\sigma_3$ (kPa)	Contrainte de déviation cyclique σ_d (kPa)	Contrainte axiale maximale σ_{mac} (kPa)	Nombre d'actions de charges
0-charge préalable	105	21	210	231	1 000
1	20	4	10	14	100
2	40	8	20	28	100
3	70	14	35	49	100
4	105	21	50	71	100
5	140	28	70	98	100
6	20	4	20	24	100
7	40	8	40	48	100
8	70	14	70	84	100
9	105	21	105	126	100
10	140	28	140	168	100
11	20	4	40	44	100

suite

N° de séquence de chargement	Contrainte de confinement σ_3 (kPa)	Contrainte de contact $0,2\sigma_3$ (kPa)	Contrainte de déviation cyclique σ_d (kPa)	Contrainte axiale maximale σ_{mac} (kPa)	Nombre d'actions de charges
12	40	8	80	88	100
13	70	14	140	154	100
14	105	21	210	231	100
15	140	28	280	308	100
16	20	4	60	64	100
17	40	8	120	128	100
18	70	14	210	224	100
19	105	21	315	336	100
20	140	28	420	448	100
21	20	4	80	84	100
22	40	8	160	168	100
23	70	14	280	294	100
24	105	21	420	441	100
25	140	28	560	588	100

D.4.7 Après la fin de test, abaisser le compression de confinement jusqu'à 0, déplacer en dehors l'éprouvette, enlever le film en caoutchouc, mesurer la teneur en eau de l'éprouvette et faire l'enregistrement.

D.5 Calcul de module de résilience

D.5.1 Il faut calculer le module de résilience selon la déformation de résilience pour les 5 derniers cycles de chaque séquence de chargement, et calculer les valeurs moyennes de toutes les séquences de chargement.

D.5.2 Il faut déterminer les paramètres de modèle k_1, k_2 et k_3 selon les données corrélatives obtenues par les tests et les modèles constitutifs de modules de résilience indiqués dans la formule (D.5.2), en adoptant la technologie d'ajustement non linéaire.

$$M_R = k_1 p_a \left(\frac{\theta}{p_a}\right)^{k_2} \left(\frac{\tau_{oct}}{p_a} + 1\right)^{k_3} \qquad (D.5.2)$$

Dans laquelle :

M_R — Module de résilience (MPa) ;

θ — Contrainte du corps ;

$$\theta = \sigma_1 + \sigma_2 + \sigma_3$$

$\sigma_1, \sigma_2, \sigma_3$—Contraintes principales (MPa) ;

τ_{oct}—Contrainte de cisaillement octaèdre (MPa) ;

$$\tau_{oct} = \sqrt{(\sigma_1 - \sigma_2)^2 + (\sigma_1 - \sigma_3)^2 + (\sigma_2 - \sigma_3)^2}/3$$

k_i—Constantes de régression, $k_1, k_2 \geqslant 0, k_3 \leqslant 0$;

p_a—Pression atmosphérique de référence (MPa).

D.6 Rapport d'essai

D.6.1 Dans le rapport d'essai, les données d'information à enregistrer doivent comprendre : le nombre d'éprouvettes, les spécifications, les taux de compactage et les teneurs en eau d'éprouvettes ainsi qu'au cours de chargement, si la quantité de déformation permanente est atteinte à 5%.

D.6.2 Dans le rapport d'essai, les données d'essai à enregistrer doivent comprendre : la compression de confinement de chaque séquence de chargement, la contrainte axiale maximale nominale, les charges axiales, les contraintes axiales, les déformations de résilience et les modules de résilience axials, les écarts-type de module de résilience pour les 5 derniers cycles, les paramètres de régression de modèles constitutifs k_1, k_2 et k_3, le rapport entre la différence normative estimative et l'écart-type, ainsi que le carré du coefficient de corrélation.

Annexe E
Méthode d'essai de module de compression uniaxiale des matériaux stabilisés aux liants inorganiques

E.1 Champs d'application

E.1.1 La présente méthode est applicable aux essai des modules d'élasticité de compression uniaxiale avec la méthode par côté latéral de l'éprouvette en matériaux stabilisés aux liants inorganiques.

E.1.2 L'éprouvette peut être mise en forme au laboratoire ou prise par carottage sur place.

E.2 Instrument et appareil

E.2.1 Il faut employer la machine d'essai équipée de système de pression servo-hydraulique ou servo-pneumatique pour l'essai de matériaux, la précision de mesure ne doit pas être inférieure à ±1%, la vitesse de chargement doit être contrôlée par l'ordinateur, elle doit être capable de réaliser le chargement et le déchargement d'une manière uniforme et continue et elle peut maintenir la charge fixe, la gamme maximale ne doit pas être inférieure à 300 kN.

E.2.2 Pour la plaque de chargement, elle peut être confectionnée avec la plaque d'acier dure ou la plaque d'alluminium à haute résistance dont le diamètre ne doit pas être inférieur à celui de l'éprouvette, elles doivent être posées respectivement à la partie de base et à la partie de plafond de l'éprouvette.

E.2.3 La déformation axiale Δl doit être mesurée par côté latéral au moyen de capteur de déplacement, la gamme de mesure de capteur de déplacement ne doit pas être inférieure à 5 mm, la résolution doit atteindre 1 μm. Les points de mesure doivent se trouver sur les trois lignes droites parallèles dont l'angle de déviation est de 120° au centre du côté latéral de l'éprouvette, l'intervalle des points de mesure L ne doit pas être inférieur à 4 fois la grosseur maximale de granulat. La distance entre la partie de plafond de l'éprouvette et la partie d'extrémité de point de mesure ne doit pas être inférieure à 15 mm.

E.2.4 Il faut assembler les capteurs de déplacement selon les indications de la figure E.2.4, les anneaux rigides doivent être fixées sur le côté latéral de l'éprouvette cylindrique au moyen de boulons, la partie d'extrémité de boulon doit être semi-sphérique. Les trois capteurs de déplacement doivent être fixés sur l'un des anneaux rigides.

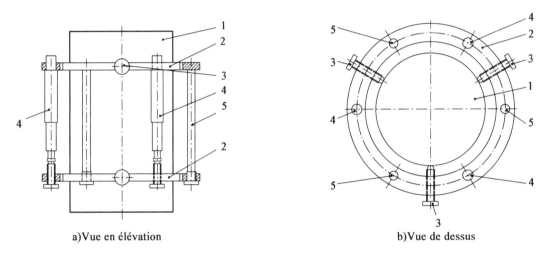

a) Vue en élévation   b) Vue de dessus

Figure E.2.4   Assemblage de capteur
1-Éprouvette ; 2-Anneau rigid ; 3-Boulon ; 4-Capteur ; 5-Boulons amovibles

E.2.5 Il faut employer l'ordinateur pour contrôler le système de collection des données et enregistrer toutes les 0,01 s, les charges et les déformations axiales de l'éprouvette.

E.2.6 Pour la découpeuse de l'éprouvette, il convient d'employer la scie à double face, si la parallèle des deux surfaces sciées pouvait être assurée, il serait possible d'employer une scie à simple face.

E.3   Préparation de l'éprouvette

E.3.1 Les éprouvettes peuvent être confectionnées en forme cylindrique selon le *Réglement d'Essai de Matériaux stabilisés aux Liants inorganiques pour l'Ingénierie de Route* (JTG E51), code T 0843 et peuvent aussi être prises par carottage sur les échantillons des poutres mises en forme ou in situ. Les éprouvettes doivent avoir une forme régulière avec une surface latérale polie et lisse, pour une éprouvette, il est possible d'adopter 3 spécifications : diamètre × hauteur = ϕ100 mm × 150 mm, diamètre × hauteur = ϕ150 mm × 150 mm ou diamètre × hauteur = ϕ150 mm × 300 mm.

E.3.2 Employer la découpeuse pour couper les deux extrémités des éprouvettes, il faut s'assurer que la hauteur de l'éprouvette est de 150 mm ± 2,5 mm ou de 300 mm ± 2,5 mm. Dans la surface d'extrémité, la différence de hauteur de rainure ± 0.05 mm est admissible le long de la direction du diamètre, les surfaces d'extrémités de haut et de bas d'éprouvettes doivent être perpendiculaires à la direction axiale avec l'écart admissible ±1°, sinon, il faut rejeter cette éprouvette.

E.3.3 Mesurer les diamètres sur 3 positions de l'éprouvette, à savoir, au centre de l'éprouvette et aux 1/3 de la hauteur de l'éprouvette des surfaces de parties supérieures et inférieures, à chaque position, la mesure est effectuée 2 fois, chaque fois, après la mesure, on fait la rotation de l'éprouvette à 90° pour mesurer encore une fois, ensuite, calculer la valeur moyenne et écarts-type sur les valeurs mesurées de six diamètres, l'écart-type admissible est de 2,5 mm, lorsqu'il n'est pas satisfait, cette éprouvette doit être rejetée. Pour l'éprouvette dont la diamètre est conforme aux exigences, dans les calculs de suite, la valeur moyenne sur les valeurs mesurées de six diamètres est prise, la précision est à 0,1 mm.

E.3.4 Sur les deux faces du haut et du bas de l'éprouvette, il faut utiliser les pâtes de ciment pures pour lisser complètement. L'éprouvette se met verticalement sur la table, après l'enduissage sur la face supérieure, d'une couche mince avec la pâte pure de ciment à haute résistance précoce, il faut répandre un peu de sable fin de 0,25 mm à 0,5 mm sur la face, et mettre la plaque d'acier circulaire plate dont le diamètre est supérieur à l'éprouvette sur le plafond, appliquer la pression et faire tourner la plaque d'acier pour aligner la face de plafond, faire à la fois tourner et déplacer horizontalement et enlever vitement la plaque d'acier. Quand la pâte pure est collée sur la plaque d'acier, il faut lisser de nouveau avec la pâte pure, en répétant les procédures susmentionnées. Après la face d'une extémité lissée, il faut la poser plus de 4 h, avec la même méthode, lisser la face d'une autre extrémité. Après le lissage, la spécification de l'éprouvette doit satisfaire aux exigences de l'article E.3.2 de présentes règles.

E.3.5 L'entretien standard ou rapide de l'éprouvette doit être effectué selon les prescriptions de *Réglement d'Essai de Matériau stabilisé aux Liants inorganiques pour l'Ingénierie de Route* (JTG E51), code T 0845.

E.3.6 Pour les sols stabilisés aux liants inorganiques et les matériaux granulaires stabilisés aux liants inorganiques dont la grosseur maximale nominale n'est pas supérieure à 26,5 mm, les éprouvettes ne doivent pas être à moins de 9 ; pour les matériaux granulaires stabilisés aux liants inorganiques dont la grosseur maximale nominale est supérieure à 26,5 mm, les éprouvettes ne doivent pas être inférieures à 15.

E.4 Procédure d'essai

E.4.1 L'éprouvette doit être imbibée pendant 24 h, après la prise, il faut essuyer de l'eau à la surface pour faire la pesée, la différence des masses des éprouvettes après l'entretien et lors de la mise en forme ne doit pas être supérieure à 2%, sinon, l'éprouvette est déclarée défaillante. L'intervalle de temps entre la sortie de la Chambre d'entretien jusqu'à l'achèvement de l'essai doit être aussi court que possible.

E.4.2 Epandre un peu de sable fin de 0,25 mm à 0,50 mm sur la surface de plafond de l'éprouvette, mettre la plaque de chargement sur la surface de plafond de l'éprouvette, faire à la fois comprimer et tourner, il faut faire remplir le sable dans les irrégularités de surface de l'éprouvette, et de sorte que le sable excessif soit coulé en dehors. Poser l'éprouvette sur le support de chargement correspondante à la position centrale de la plaque de chargement, pour aligner le centre de l'éprouvette sur le centre de support de chargement.

E.4.3 La presse doit appliquer la charge d'une manière continue et uniforme avec une vitesse de chargement de 1 mm/min, jusqu'à la rupture de l'éprouvette.

E.4.4 La déformation de l'éprouvette ε doit être calculée en prenant la valeur moyenne des quantités de déformation des éprouvettes mesurées par les trois capteurs de déplacement. Au cours de l'essai, il faut enregistrer la courbe « charge-déformation », indiquée dans la figure E.4.4. Quand le point de départ de la courbe « charge-déformation » ne se trouve pas dans la position de point 0 ou au départ de la courbe, il y a une légère oscillation, il faut rectifier le point de départ, de sorte que la ligne de liaison entre le point (ε_3, 0,3 F_r) et le point rectifié (0,0) soit une ligne droite sur la courbe.

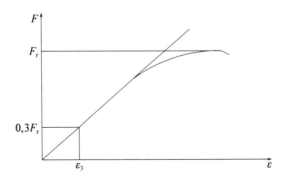

Figure E.4.4 Courbe « charge-déformation »

E.4.5 D'après la courbe charge-déformation, on obtient la charge maximale et la déformation de compression correspondante, lors de 0,3 fois la charge maximale, le module d'élasticité est calculé selon la formule (E.4.5).

$$E = \frac{1,2 F_r}{\pi \cdot D^2 \cdot \varepsilon_3} \qquad (E.4.5)$$

Dans laquelle :

E—Module d'élasticité (MPa) ;

F_r—Charge maximale (N) ;

D—Diamètre de l'éprouvette (mm) ;

ε_3—Déformation de compression longitudunale de l'éprouvette quand le chargement atteint $0,3 F_r, \varepsilon_3 = \Delta l / L$.

E.5 Rapport d'essai

E.5.1 Le module d'élasticité doit être révisé et arrondi à un nombre entier.

E.5.2 Dans les essais d'un même groupe d'éprouvettes, il faut adopter la méthode de 3 fois l'erreur moyenne quadratique pour éliminer les valeurs aberrantes.

E.5.3 Pour les sols stabilisés aux liants inorganiques et les matériaux granulaires stabilisés aux liants inorganiques dont la grosseur maximale n'est pas supérieure à 26,5 mm, le coefficient de variation des résultats d'essai ne doit pas dépasser 10% ; pour les matériaux granulaires stabilisés aux liants inorganiques dont la grosseur maximale est supérieure à 26,5 mm, le coefficient de variation des résultats d'essai ne doit pas dépasser 15%. Lorsqu'il n'est pas satisfait, il faut augmenter la quantité d'essais, fusionner les résultats d'essais nouvellement augmentés avec les résultats d'origine pour faire statistique de nouveau du coefficient de variation, jusqu'à ce que le coefficient de variation satisfait aux stipulations susmentionnées.

E.5.4 Le rapport d'essai doit comprendre les modes de la mise en forme, les spécifications et les qualités des éprouvettes lors de la mise en forme et d'essai, les conditions de l'entretien ou de stockage, les âges des éprouvettes, la date de l'essai, les valeurs de modules d'élasticité des différentes éprouvettes, la valeur minimale et la valeur maximale, la valeur moyenne, l'écart-type, ainsi que le coefficient de variation des résultats d'essai.

Annexe F
Méthode d'essai de résistance à la pénétration uniaxiale des mélanges bitumineux

F.1 Champs d'application

F.1.1 La présente méthode est applicable à la mesure de la résistance à la pénétration des mélanges bitumineux pour servir de la conception de formulation de mélanges bitumineux ou de la vérification de stabilité à haute température des mélanges bitumineux après l'exécution des travaux.

F.1.2 La présente méthode est applicable au test de la résistance à la pénétration de l'éprouvette en mélange bitumineux mise en forme au laboratoire et de l'éprouvette carotté sur place des mélanges bitumineux. La température de référence d'essai est de 60 ℃, il est possible d'employer toute autre température selon le besoin.

F.1.3 La présente méthode est applicable à l'éprouvette cylindrique en mélange bitumineux de diamètre 100 mm ± 2,0 mm ou de 150 mm ± 2,0 mm et de hauteur 100 mm ± 2,0 mm, il est possible d'adopter l'éprouvette cylindrique d'une autre hauteur selon le besoin.

F.2 Exigences des appareils et de matériaux

F.2.1 Il convient d'employer la machine d'essai universelle, les autres machines d'essai des matériaux de la chaussée sont également utilisables, mais elles doivent satisfaire aux conditions suivantes :

1 La charge maximale doit satisfaire à l'exigence pour laquelle, elle ne sera pas supérieure à 80% et ni inférieure à 20% de leur gamme de mesure, il convient d'adopter 10 kN, avec valeur de graduation 10 N.

2 Elles doivent avoir un rôle de boîte d'isolation termique d'environnement, avec précision de contrôle de température ±0.5 ℃.

3 Elles doivent se conformer au taux de vitesse de chargement pour maintenir l'exigence de 1 mm/min. Pour les machines d'essai, il convient d'être équipées d'un système d'asservissement, dans le processus de chargement, la vitesse doit rester essentiellement inchangée.

F.2.2 La qualité de matériau pour la tête de pression de la pénétration doit être de l'acier inoxydable Q235, sa dureté de Rockwell HRC doit être entre 10 et 30. La partie supérieure de la tête de pression est en forme de plaque mince de longueur × largeur × épaisseur = 50 mm × 50 mm × 10 mm ; la partie inférieure est en cylindre, en ce qui concerne l'éprouvette de diamètre de 150 mm, le diamètre de cylindre × hauteur = ϕ 42 mm × 50 mm, vis-à-vis de l'éprouvette de diamètre de 100 mm, le diamètre de cylindre × hauteur = ϕ 28,5 mm × 50 mm, comme indiqué dans la figure F.2.2.

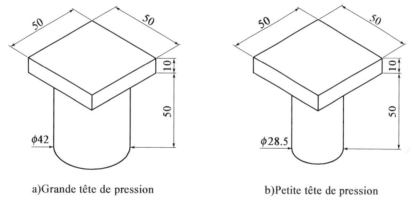

a) Grande tête de pression   b) Petite tête de pression

Figure F.2.2 Schéma indicatif de tête de pression pour l'essai de pénétration (dimension : mm)

F.2.3 Il convient d'employer le compacteur giratoire pour procéder à la mise en forme de l'éprouvette et contrôler le rapport des vides des éprouvettes en mélanges bitumineux comme le rapport des vides réel de la chaussée.

F.2.4 Les autres équipements sont tels que l'étuve, le calibre et la balance d'immersion en eau etc.

F.3 Préparation de l'éprouvette

F.3.1 Préparer selon les besoins de l'essai, les éprouvettes en mélanges bitumineux pour test. Le diamètre de référence de l'éprouvette est de 150 mm, lorsque la grosseur maximale nominale de mélange est inférieure ou égale à 16 mm, il est aussi possible d'adopter le diamètre de 100 mm ;

la hauteur de l'éprouvette est de 100 mm.

F.3.2 Quand l'échantillon est pris à la centrale de mélange, il faut mettre les mélanges dans le fût d'isolation thermique, avant que la température de mélange soit baissée à celle de la mise en forme de l'éprouvette, il faut mettre rapidement en forme de l'éprouvette, il ne faut pas confectionner l'éprouvette avec le mélange déjà refroidi à réchauffer pour la seconde fois.

F.3.3 Pour l'éprouvette mise en forme au laboratoire, il convient de l'effectuer selon les prescriptions de *Réglement d'Essai de Bitume et de Mélanges bitumineux pour l'Ingénierie de Route* (JTG E20), code T 0736, il est également possible d'employer les autres méthodes de moulage, mais il faut satisfaire aux exigences de la spécification de l'éprouvette.

F.3.4 Après la mise en forme au laboratoire, le temps de la pose de l'éprouvette en mélanges bitumineux courants dans la température ambiante ne doit pas être inférieur à 12 h, tandis que pour le temps de la pose de l'éprouvette de mélanges bitumineux modifiés, il convient d'être de 48 h, et en plus, le temps de pose ne doit pas dépasser 7 jours. Après la fin de la pose, il faut mesurer le rapport des vides de l'éprouvette selon les stipulations du code T 0705 de *Règlement d'Essai de bitume et de Mélanges bitumineux pour l'Ingénierie de Route* (JTG E20) en vigueur.

F.3.5 Lors d'utilisation de la carotteuse pour prendre le noyau de la chaussée, il faut s'assurer que le noyau de la chaussée est en cylindre et que la forme est régulière. Quand les deux extrémités de noyau ne sont pas lisses, il faut couper les parties irrégulières avec la découpeuse.

F.3.6 Placer les éprouvettes dans la boîte d'isolation thermique d'environnement, la température de la boîte d'environnement doit être stabilisée entre 60 °C ± 0,5 °C, le temps d'isolation thermique est convenable entre 5 h et 6 h ; quand le volume de la boîte d'environnement est relativement petit et les éprouvettes sont relaivement nombreuses, il est également possible de mettre ces éprouvettes dans une étuve de même température. Avant l'essai, il faut placer le tête de pression dans la boîte d'environnement pour réchauffer jusqu'à la température d'essai.

F.4 Procédure d'essai

F.4.1 Placer les éprouvettes sur le banc d'essai, pour la surface de test de pénétration, il faut choisir la face qui était en contact avec la tête de pression lors de la mise en forme de l'éprouvette, réajuster l'éprouvette de sorte que la tête de pression s'aligne sur le centre de l'éprouvette.

F.4.2 Faire le réglage grossier de la position de tête de pression, de sorte qu'elle soit à la distance d'environ 1 mm par rapport à la surface de l'éprouvette, et puis, continuer à réajuster d'une manière fine la position de la tête de pression pour qu'elle soit en contact avec l'éprouvette, jusqu'à ce que la pression de contact s'approche de 0,05 kN, mais la pression de contact ne peut pas dépasser 0,05 kN.

F.4.3 Démarrer le chargement, la vitesse de chargement est de 1 mm/min, enregistrer la pression et le déplacement, quand la valeur de contrainte est baissée jusqu'à 90% du point de valeur limite, l'essai est arrêté. Prendre la résistance au point de valeur limite de la rupture comme la résistance à la pénétration de l'éprouvette, indiquée dans la fugure F.4.3.

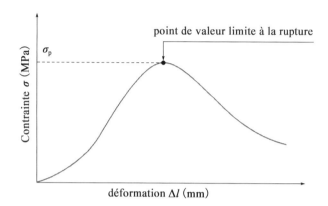

Figure F.4.3 Schéma de contrainte-déformation typique de l'essai de pénétration uniaxiale

F.5 Traitement des données

F.5.1 La lecture est faite sur la charge de pénétration maximale P, avec précision de 1 N.

F.5.2 Calculer la résistance à la pénétration de mélanges bitumineux à la hauteur de référence selon la formule (F.5.2).

$$R_\tau = f_\tau \cdot \sigma_p \qquad (F.5.2)$$
$$\sigma_p = \frac{P}{A}$$

Dans laquelle :

R_τ—Résistance à la pénétration (MPa) ;

σ_p—Contrainte de pénétration (MPa) ;

P—Charge limite à la rupture de l'éprouvette (N) ;

A—Aire de section de la tête de pression (mm^2) ;

f_τ—Coefficient de contrainte de pénétration, pour l'éprouvette de diamètre 150 mm, f_τ = 0,35, pour l'éprouvette de diamètre 100 mm, f_τ = 0,34.

F.5.3 Pour l'éprouvette dont la hauteur n'est pas de 100 mm, il faut procéder à la révision sur le coefficient de contrainte selon les situations suivantes :

1 Pour l'éprouvette dont le diamètre est de 150 mm, calculer le coefficient de contrainte de la pénétration selon la formule (F.5.3-1), à ce moment, l'épaisseur de l'éprouvette doit satisfaire : 38 mm ⩽ h < 100 mm.

$$f_\tau = 0,002\ 3h + 0,12 \qquad (F.5.3\text{-}1)$$

2 Pour l'éprouvette dont le diamètre est de 100 mm, calculer le coefficient de contrainte de pénétration selon la formule (F.5.3-2), à ce moment, l'épaisseur de l'éprouvette doit satisfaire : 38 mm ⩽ h < 100 mm.

$$f_\tau = 0,001\ 2h + 0,22 \qquad (F.5.3\text{-}2)$$

3 La résistance à la pénétration des éprouvettes à hauteurs non-normalisées est calculée selon la formule (F.5.2).

F.5.4 Pour l'éprouvette carottée sur place, la résistance de pénétration calculée doit être multiplié encore par un coefficient de révision de 1,15.

F.6 Rapport

F.6.1 Pour les mélanges bitumineux de même type ou les chaussées de même tronçon de route, un groupe d'éprouvettes pour essais en parallèle convient d'être de 5 à 6 pièces, prendre leur valeur moyenne comme le résultat d'essai. Quand la différence entre une certaine donnée parmi un groupe de valeurs mesurées et la valeur moyenne est supérieure à k fois, cette valeur mesurée doit être rejetée, et prendre la valeur moyenne des autres valeurs résiduelles comme le résultat d'essai, ses données efficaces ne doivent pas être inférieures à 4 pièces. Quand le nombre d'essais n est de 5 ou 6, les valeurs k sont respectivement de 1,67 et de 1,82.

F.6.2 Dans le rapport d'essai, il faut indiquer la spécification, le mode de mise en forme de l'éprouvette, la température d'essai, la densité de l'éprouvette, le pourcentage des vides, et le type de l'appareil de chargement ainsi que le résultat d'essai, et noter la date d'essai.

Annexe G
Coefficient de réglage de la température et la température équivalente

G.1 Coefficient de réglage de la température

G.1.1 Quand la couche de surface bitumée ou la couche de base (y compris la couche de fondation) des structures de chaussée est composée de deux couches ou supérieures en structures de différentes matériaux, il faut les convertir selon les formules (G.1.1-1) et (G.1.1-2), respectivement en couche de surface bitumée équivalente et en couche de base équivalente. Pour la chaussée dont la couche de base est adoptée de liants bitumineux, la couche de base est convertie en couche de surface bitumée équivalente. Lors de dépassement de 2 couches, réutiliser les formules (G.1.1-1) et (G.1.1-2) pour faire la conversion par couche du haut en bas, il est simplifié que les structures de la chaussée en trois couches sont composées de couche de surface bitumée équivalente, de couche de base équivalente et de plate-forme.

$$h_i^* = h_{i1} + h_{i2} \tag{G.1.1-1}$$

$$E_i^* = \frac{E_{i1}h_{i1}^3 + E_{i2}h_{i2}^3}{(h_{i1} + h_{i2})^3} + \frac{3}{h_{i1} + h_{i2}}\left(\frac{1}{E_{i1}h_{i1}} + \frac{1}{E_{i2}h_{i2}}\right)^{-1} \tag{G.1.1-2}$$

Dans lesquelles :

h_i^*, E_i^* —Épaisseur (mm) et module (MPa) de la couche équivalente avec l' indice inférieur, i = a désigne la couche de surface bitumée, i = b désigne la couche de base.

G.1.2 Le dégât de la structure de chaussée de référence dans les différentes situations de température est converti en dégât équivalent de la structure de chaussée de référence dans la condition de température de référence (20℃), par ce fait, on obtient le coefficient de réglage de la température de la structure de chaussée de référence. Pour le coefficient de réglage de la température structurale de référence pour les indicateurs de conception des structures de différentes catégories de chaussées dans une partie de région, il est possible de le prendre en se référant au tableau G. 1. 2. tandis que pour le coefficient de réglage de température structurale de référence dans les autres régions, il est possible de le prendre selon la valeur de coefficient de la région dont la condition de la température atmosphérique est semblable, pour les données de température atmosphérique, il convient de prendre la valeur moyenne pendant les 10 années consécutives.

Tableau G. 1. 2 Données statistiques de températures atmosphériques de différentes régions et coefficients de réglage de température structurale de chaussée de référence correspondants et températures équivalentes

Toponyme	Province (région autonome et municipalité relevant d'autorité centrale)	Température moyenne mensuelle la plus chaude (℃)	Température moyenne mensuelle la plus froide (℃)	Température moyenne annuelle (℃)	Coefficient de réglage de température		Température équivalente de référence (℃)
					Déformation de traction au fond de la couche en mélanges bitumineux, contrainte de traction au fond de la couche en matériaux stabilisés aux liants inorganiques	Déformation de compression verticale de la partie supérieure de la plate-forme	
Beijing	Beijing	26,9	-2,7	13,1	1,23	1,09	20,1
Jinan	Shandong	28,0	0,2	15,1	1,32	1,17	21,8
Rizhao	Shandong	26,0	-2,0	12,7	1,21	1,06	19,4
Taiyuan	Shanxi	23,9	-5,2	10,5	1,12	0,98	17,3
Datong	Shanxi	22,5	-10,4	7,5	1,01	0,89	15,0
Houma	Shanxi	26,8	-2,3	13,0	1,23	1,08	19,9
Xi'an	Shaanxi	27,5	0,1	14,3	1,28	1,13	20,9
Yan'an	Shaanxi	23,9	-5,3	10,5	1,12	0,98	17,3
Ankang	Shaanxi	27,3	3,7	15,9	1,35	1,19	21,7
Shanghai	Shanghai	28,0	4,7	16,7	1,38	1,23	22,5
Tianjin	Tianjin	26,9	-3,4	12,8	1,22	1,08	20,0
Chongqing	Chongaing	28,3	7,8	18,4	1,46	1,31	23,6
Taizhou	Zhejiang	27,7	6,9	17,5	1,42	1,26	22,8
Hangzhou	Zhejiang	28,4	4,5	16,9	1,40	1,25	22,8
Hefei	Anhui	28,5	2,9	16,3	1,37	1,22	22,6
Huangshan	Anhui	27,5	4,4	16,6	1,38	1,23	22,3
Fuzhou	Fujian	28,9	11,3	20,2	1,55	1,40	24,9
Jian'ou	Fujian	28,2	8,9	19,1	1,49	1,35	24,1

suite

Toponyme	Province (région autonome et municipalité relevant d'autorité centrale)	Température moyenne mensuelle la plus chaude (℃)	Température moyenne mensuelle la plus froide (℃)	Température moyenne annuelle (℃)	Coefficient de réglage de température		Température équivalente de référence (℃)
					Déformation de traction au fond de la couche en mélanges bitumineux, contrainte de traction au fond de la couche en matériaux stabilisés aux liants inorganiques	Déformation de compression verticale de la partie supérieure de la plate-forme	
Dunhuang	Gansu	25,1	-8,0	9,9	1,10	0,97	17,6
Lanzhou	Gansu	22,9	-4,7	10,5	1,12	0,98	17,0
Jiuquan	Gansu	22,2	-9,1	7,8	1,02	0,90	15,0
Guangzhou	Guangdong	28,7	14,0	22,4	1,66	1,52	26,5
Shantou	Guangdong	28,6	14,4	22,1	1,64	1,50	26,1
Shaoguan	Guangdong	28,5	10,3	20,4	1,56	1,42	25,2
Heyuan	Guangdong	28,4	13,1	21,9	1,63	1,49	26,1
Lianzhou	Guangdong	27,6	11,0	20,3	1,55	1,40	24,8
Nanning	Guangxi	28,4	13,2	22,1	1,64	1,51	26,3
Guilin	Guangxi	28,0	8,1	19,1	1,49	1,35	24,2
Guiyang	Guizhou	23,7	4,7	15,3	1,31	1,15	20,1
Zhengzhou	Henan	27,4	0,6	14,7	1,30	1,15	21,2
Nanyang	Henan	27,3	1,7	15,2	1,32	1,17	21,4
Gushi	Henan	28,1	2,6	16,0	1,36	1,21	22,3
Heihe	Heilongjiang	21,5	-22,5	1,0	0,80	0,77	10,7
Mohe	Heilongjiang	18,6	-28,7	-3,9	0,67	0,73	6,4
Qiqihar	Heilongjiang	23,0	-19,7	3,5	0,88	0,81	13,0
Shenyang	Liaoning	24,9	-11,2	8,6	1,06	0,94	16,9
Dalian	Liaoning	24,8	-3,2	11,6	1,16	1,02	18,2
Chaoyang	Liaoning	25,4	-8,7	9,8	1,10	0,97	17,7
Erenhot	Nei Mongol	24,0	-17,7	4,8	0,92	0,84	14,2
Dongsheng	Nei Mongol	21,7	-10,1	6,9	0,98	0,87	14,2
Ejin Qi	Nei Mongol	27,4	-10,3	9,5	1,10	0,97	18,2
Hailar	Nei Mongol	20,5	-24,1	0,0	0,77	0,76	9,8
Horqin Youyi Qianqi	Nei Mongol	20,8	-16,7	3,0	0,86	0,79	11,4

suite

Toponyme	Province (région autonome et municipalité relevant d'autorité centrale)	Température moyenne mensuelle la plus chaude (℃)	Température moyenne mensuelle la plus froide (℃)	Température moyenne annuelle (℃)	Coefficient de réglage de température		Température équivalente de référence (℃)
					Déformation de traction au fond de la couche en mélanges bitumineux, contrainte de traction au fond de la couche en matériaux stabilisés aux liants inorganiques	Déformation de compression verticale de la partie supérieure de la plate-forme	
Tongliao	Nei Mongol	24,3	−12,5	7,3	1,01	0,90	15,7
Xilin Hot	Nei Mongol	21,5	−18,5	3,3	0,87	0,80	12,2
Shijiazhuang	Hebei	26,9	−2,4	13,3	1,24	1,10	20,3
Chengde	Hebei	24,4	−9,1	9,1	1,07	0,95	16,8
Handan	Hebei	26,9	−2,3	13,5	1,25	1.10	20.5
Wuhan	Hubei	28,9	4,2	17,2	1,41	1,27	23,3
Yichang	Hubei	27,5	5,0	17,1	1,40	1,25	22,7
Changsha	Hunan	28,5	5,0	17,2	1,41	1,26	23,1
Changning	Hunan	29,1	6,0	18,1	1,45	1,31	23,9
Xiangxi	Hunan	27,2	5,3	16,9	1,39	1,24	22,4
Changchun	Jilin	23,6	−14,5	6,3	0,97	0,87	14,9
Yanji	Jilin	22,2	−13,1	5,9	0,95	0,86	13,9
Nanjing	Jiangsu	28,1	2,6	15,9	1,35	1,20	22,1
Nantong	Jiangsu	26,8	3,6	15,5	1,33	1,17	21,2
Nanchang	Jiangxi	28,8	5,5	18,0	1,45	1,30	23,8
Ganzhou	Jiangxi	29,1	8,3	19,6	1,52	1,38	25,0
Yinchuan	Ningxia	23,8	−7,5	9,5	1,08	0,95	16,8
Guyuan	Ningxia	19,6	−7,9	6,9	0,97	0,86	13,2
Xining	Qinghai	17,3	−7,8	6,1	0,94	0,84	11,9
Haibei	Qinghai	11,3	−13,6	0,0	0,74	0,74	5,5
Golmud	Qinghai	18,2	−8,9	5,7	0,93	0,83	11,9
Yushu	Qinghai	12,9	−8,0	3,5	0,85	0,78	8,2
Golog	Qinghai	9,9	−12,9	−0,3	0,73	0,74	4,7
Chengdu	Sichuan	25,5	5,8	16,5	1,37	1,21	21,5
Emeishan	Sichuan	11,7	−5,8	3,4	0,84	0,77	7,4

suite

Toponyme	Province (région autonome et municipalité relevant d'autorité centrale)	Température moyenne mensuelle la plus chaude (℃)	Température moyenne mensuelle la plus froide (℃)	Température moyenne annuelle (℃)	Coefficient de réglage de température		Température équivalente de référence (℃)
					Déformation de traction au fond de la couche en mélanges bitumineux, contrainte de traction au fond de la couche en matériaux stabilisés aux liants inorganiques	Déformation de compression verticale de la partie supérieure de la plate-forme	
Garzê	Sichuan	13,9	-4,6	5,7	0,92	0,82	10,0
Aba	Sichuan	11,0	-10,0	1,7	0,79	0,75	6,4
Luzhou	Sichuan	27,0	7,6	17,9	1,43	1,28	22,9
Mianyang	Sichuan	26,2	5,5	16,7	1,38	1,22	21,9
Panzhihua	Sichuan	26,4	12,8	20,8	1,57	1,42	24,6
Lhasa	Xizang	16,2	-0,9	8,4	1,01	0,88	12,5
Aksu	Xinjiang	24,2	-7,7	10,6	1,13	0,99	18,0
Altay	Xinjiang	22,0	-15,4	5,0	0,92	0,84	13,4
Hami	Xinjiang	26,3	-10,0	10,1	1,12	0,99	18,5
Hotan	Xinjiang	25,7	-4,1	12,9	1,22	1,08	20,0
Kashi	Xinjiang	25,4	-5,0	11,9	1,18	1,04	19,1
Ruoqiang	Xinjiang	27,9	-7,2	12,0	1,19	1,06	20,2
Tacheng	Xinjiang	23,3	-10,0	7,7	1,02	0,90	15,3
Turpan	Xinjiang	32,3	-6,4	15,0	1,34	1,21	24,1
Ürümqi	Xinjiang	23,9	-12,4	7,4	1,01	0,90	15,7
Yanqi	Xinjiang	23,4	-11,0	8,9	1,06	0,94	16,8
Yining	Xinjiang	23,4	-8,3	9,4	1,08	0,95	16,8
Kunming	Yunnan	20,3	8,9	15,6	1,30	1,13	18,7
Tengchong	Yunnan	19,9	8,5	15,4	1,29	1,12	18,5
Mengzi	Yunnan	23,2	12,7	18,8	1,46	1,29	21,9
Lijiang	Yunnan	18,7	6,2	12,8	1,18	1,02	16,1
Jinghong	Yunnan	26,3	17,2	22,7	1,66	1,51	25,6
Haikou	Hainan	28,9	18,4	24,6	1,77	1,65	27,9
Sanya	Hainan	29,1	22,0	26,2	1,85	1,74	28,8
Xisha	Hainan	29,3	23,6	27,0	1,89	1,79	29,3

G.1.3 Le coefficient de réglage de température de la structure de chaussée doit être calculé selon les formules (G.1.3-1) à (G.1.3-15).

$$k_{Ti} = A_h A_E \hat{k}_{Ti}^{1+B_h+B_E} \qquad (G.1.3-1)$$

Dans laquelle :

k_{Ti}—Coefficient de réglage de température ; parmi lequel, l'indice inférieur $i = 1$ est correspondant à l'analyse de fissuration due à la fatigue de la couche en mélanges bitumineux, $i = 2$ est correspondant à l'analyse de fissuration due à la fatigue de couche en matériaux stabilisés aux liants inorganiques, $i = 3$ est correspondant à l'analyse de la déformation de compression verticale de la partie supérieure de la plate-forme ;

$\hat{k}_{Ti}$—Coefficient de réglage de la température de la structure de chaussée de référence, il est pris selon la région où se trouve le projet en consultant la tableau G.1.2 ;

A_h, B_1, A_E, B_E—Fonctions relatives aux épaisseurs et modules de la couche de surface et de la couche de base, elles sont calculées selon les formules (G.1.3-2) à (G.1.3-13);

Pour la fissuration due à la fatigue de la couche en mélanges bitumineux :

$$A_E = 0,76\lambda_E^{0,09} \qquad (G.1.3-2)$$
$$A_h = 1,14\lambda_h^{0,17} \qquad (G.1.3-3)$$
$$B_E = 0,14\ln(\lambda_E/20) \qquad (G.1.3-4)$$
$$B_h = 0,23\ln(\lambda_h/0,45) \qquad (G.1.3-5)$$

Pour la fissuration due à la fatigue de la couche en matériaux stabilisés aux liants inorganiques :

$$A_E = 0,10\lambda_E + 0,89 \qquad (G.1.3-6)$$
$$A_h = 0,73\lambda_h + 0,67 \qquad (G.1.3-7)$$
$$B_E = 0,15\ln(\lambda_E/1,14) \qquad (G.1.3-8)$$
$$B_h = 0,44\ln(\lambda_h/0,45) \qquad (G.1.3-9)$$

Pour la déformation de compression verticale de la partie supérieure de plate-forme :

$$A_E = 0,006\lambda_E + 0,89 \qquad (G.1.3-10)$$
$$A_h = 0,67\lambda_h + 0,70 \qquad (G.1.3-11)$$
$$B_E = 0,12\ln(\lambda_E/20) \qquad (G.1.3-12)$$
$$B_h = 0,38\ln(\lambda_h/0,45) \qquad (G.1.3-13)$$

λ_E—Rapport des modules équivalents de la couche de surface et de la couche de base, il est calculé selon la formule (G.1.3-14) ;

$$\lambda_E = \frac{E_a^*}{E_b^*} \qquad (G.1.3-14)$$

λ_h—Rapport d'épaisseurs équivalents de la couche de surface et de la couche de base, il est calculé selon la formule (G.1.3-15).

$$\lambda_h = \frac{h_a^*}{h_b^*} \qquad (G.1.3-15)$$

G.2 Température équivalente

G.2.1 Lors d'analyse de déformation permanente de la couche en mélanges bitumineux, la température équivalente de la couche en mélanges bitumineux doit être calculée selon la formule (G.2.1).

$$T_{\text{pef}} = T_{\xi} + 0,016 h_{a} \qquad (G.2.1)$$

Dans laquelle :

T_{pef}—Température équivalente de la couche en mélanges bitumineux (℃) ;

h_{a}—Épaisseur de la couche en mélanges bitumineux (mm) ;

T_{ξ}—Température équivalente de référence, elle est prise selon la région où se trouve le projet en consultant le tableau G.1.2.

Explication sur les mots utilisés dans les présentes règles

Le degré de rigueur pour l'application des présentes règles est exprimé par les expressions suivantes :

1) Pour exprimer ce qui est très strict et auquel on ne peut pas déroger, les expressions « il faut obligatoirement », « il est nécessaire de » sont employées dans les tournures positives, ainsi que les expressions « interdire », « il est interdit de » dans les tournures négatives ;

2) Pour exprimer ce qui est strict, où l'on doit tout faire ainsi dans le cas normal, les expressions comme « il faut » et inversement « il ne faut pas », « il ne doit pas » sont employées ;

3) Pour exprimer ce qui est strict où il faut tout d'abord faire ainsi, mais avec un peu de latitude de choix lorsque la situation le permet, les expressions « il convient de » et inversement « il ne convient pas de » sont employées ;

4) Pour exprimer ce qui est laissé au choix dans une situation donnée, les expressions « il peut », « il est possible de » sont employées.

Explications sur les articles

1 Dispositions générales

1.0.6 Comme les natures de sol spéciales dans des zones désertiques, expansives et salines ou les caractéristiques climatiques ont des exigences spéciales pour la chaussée, la conception de la chaussée, en déhors du fait qu'il faut prendre en compte les exigences des performances de chaussées classiques, doit également veiller également à la conciliation avec ces exigences particulières.

3 Critère de conception

3.0.2 Les valeurs numériques listées dans le tableau 3.0.2 désignent les exigences minimales de la durée d'utilisation pour la conception de la structure de chaussée bitumée de la route en construction neuve. Pour le projet d'extension, il est demandé en général que la chaussée après le revêtement et la chaussée en construction neuve de la partie jointive doivent avoir la même durée d'utilisation du projet. Pour le projet de reconstruction dont la structure est renforcée pendant la période d'exploitation, la définition de la durée d'utilisation pour la conception de la structure de la chaussée est relativement compliquée. Il est possible d'envisager que la chaussée après le renforcement atteint la durée d'utilisation du projet de la chaussée existante, dans ce cas, la durée d'utilisation du projet pour la structure de la chaussée de reconstruction est la durée de vie résiduelle de la chaussée existante ; il est également possible de prendre en compte la prolongation de la durée d'utilisation pour la conception de la structure de chaussée existante par la reconstruction, à ce moment, la durée d'utilisation pour la structure de la chaussée de reconstruction est la durée de vie résiduelle de la chaussée existante plus la duré de prolongation.

3.0.3 Dans les précédentes règles, la charge par essieu d'un simple essieu-double roue dont le poids de l'essieu est adopté de 100 kN, est prise comme la charge par essieu de projet (charge par essieu de référence). En 2011, les analyses faites sur les données de poids de l'essieu pour plus de 10 provinces de Chine témoignent que, la proportion de véhicules de marchandises dont les charges excessives sont supérieures à 30% est essentiellement inférieure à 10%, la proportion de véhicules de marchandises dont les charges excessives sont supérieure à 50% est essentiellement inférieure à 5%. En outre, par la conversion de charge d'essieu, il est possible de prendre en compte dans une certaine mesure l'influence de la surcharge partielle sur les dommages de chaussée. Par conséquent, la charge par essieu du projet de présentes règles reste quand même inchangée.

3.0.4 En tant que le complément du nombre d'actions cumulé des charges par essieu de conception équivalente, les précédentes règles ont augmenté la classification de niveaux de charges de trafic, en prenant le nombre d'actions cumulé de charges par essieu de la conception équivalente et le volume de trafic moyen journalier de véhicules de marchandises comme les indicateurs, les charges de trafic sont divisées en quatre niveaux.

Les présentes règles appliquent plusieurs indicateurs de conception, pour les différents indicateurs de conception, on a adopté respectivement les différents paramètres de conversion de charges par essieu, ainsi, pour correspondre au nombre d'actions cumulé de charges par essieu de différentes conceptions équivalentes. Si le nombre d'actions cumulé de charges par essieu de la conception équivalente était employé pour classifier les niveaux de charges de trafic, il serait nécessaire de cibler les différents indicateurs de conception pour proposer respectivement les critères de classement, il en résulte que l'application soit incommode. En outre, du fait que dans la conception des routes de différentes classes, les durées d'utilisation sont différentes, le volume de trafic moyen journalier ne saurait refléter le volume de trafic cumulé dans la durée d'utilisation du projet. En résumé, les présentes règles prennent la somme des volumes de trafic cumulés de véhicules de voyageurs et de marchandises de grande dimension dans la durée d'utilisation pour classifier les niveaux de charges de trafic.

Compte tenu des particularités sur les plans de charges par essieu et de composition de trafic etc. du canal de transport de fret tels que les routes de transport de conteneurs et de charbons etc., sur la base de quatre niveaux de charges de trafic, on a ajouté un niveau de charge de trafic extrêmement lourd.

3.0.5 Dans les précédentes règles, la déflexion de la surface de la route est prise comme l'indicateur principal de conception. Dans le contexte où la charge de trafic est légère, le volume de trafic est faible, la chaussée est mince et en plus, la structure est unique à l'époque précoce, la déflexion de la surface de la route peut mieux refléter la capacité portante de la chaussée, contrôler la déformation permanente de la plate-forme, prise comme un indicateur de conception est convenable. Avec l'augmentation progressive d'épaisseurs de couches de structure de la chaussée et de la diversification des combinaisons structurales, l'insuffisance de la déflexion de la surface de chaussée prise comme un indicateur de conception est apparue graduellement. Pour les structures de chaussées de différents types, la structure de la chaussée dont la valeur de déflexion est grande n'a pas nécessairement une durée d'utilisation plus courte ou une performance pire que celle ayant une petite valeur de déflexion, par conséquent, la valeur de déflexion ne peut pas être utilisée comme base pour juger les avantages et les inconvénients de la performance de structures de différentes chaussées. En outre, avec l'augmentation de couches structurales de chaussée et de plans des combinaisons de matériaux, les formes de pathologie des chaussées sont plus diversifiées. En raison de la multiplicité des types de structure de chaussée et de la complexité des facteurs de performance de la chaussée, il est nécessaire d'augmenter les indicateurs de conception correspondants pour couvrir les pathologies majeures de toutes sortes.

Les présentes règles adoptent cinq indicateurs de conception individuels pour contrôler respectivement les dégâts de la chaussée. On a modifié les modèles de prévision de fissurations dues à la fatigue de la couche en mélanges bitumineux et de la couche en matériaux stabilisés aux liants inorganiques, augmenté les trois indicateurs relatifs à la quantité de déformation permanente de la couche en mélanges bitumineux, à la déformation de compression verticale de la partie supérieure de la plate-forme et à l'indice de fissuration de la chaussée à basse température, dans lesquel, l'indice de fissuration à basse température est convenable à la zone de sol gelé saisonnière.

3.0.6 Tout en résumant la *Norme pour l'Évaluation des Conditions techniques de Route* (JTG H20—2007), la méthode de conception de la chaussée Shell, la méthode de conception de la chaussée de l'Association d'Asphalte américaine (AI) et le Guide de conception de chaussée par la méthode américaine mécanique-empirique (MEPDG), etc., les présentes règles ont donné les exigences relatives à la quantité de déformation permanente des mélanges bitumineux énumérés dans le tableau 3.0.6-1.

Ce qui sont calculées selon l'Annexe B.3 et stipulées par le tableau 3.0.6-1 sont toutes les quantités de déformations permanentes de couches en mélanges bitumineux. Les ornières de la chaussée comprennent les déformations permanentes de couches en mélanges bitumineux, des autres couches structurales et de la plate-forme. Pour les chaussées bitumées sur la couche de base en matériaux stabilisés aux liants inorganiques, sur la couche de base en béton de ciment et sur la couche de base traitée aux liants bitumineux ayant une couche de fondation en matériaux stabilisés aux liants inorganiques, la couche stabilisée aux liants inorganiques, la couche en béton de ciment et la plate-forme peuvent être considérées comme ce qui ne produit pas de déformation permanente, les ornières de la chaussée étant dues principalement à la déformation permanente de couche en mélanges bitumineux, par conséquent, la quantité de déformation permanente admissible de la couche en mélanges bitumineux est cohérente avec la profondeur de l'ornière admissible de la chaussée. Pour les autres structures, y compris la chaussée bitumée sur la couche de base en matériaux granulaires et sur la couche de base aux liants bitumineux ayant une couche de fondation en matériaux granulaires, les ornières de la chaussée comprennent outre les quantités de déformations permanentes de couche en mélanges bitumineux, les déformations permanentes de la couche en matériaux granulaires et de la plate-forme qui sont également une partie composante importante, par conséquent, les quantités de déformations permanentes admissibles de couche en mélanges bitumineux de ces structures sont inférieures à la profondeur d'orniérage admissible de la chaussée.

L'exigence de l'indice de fissuration à basse température stipulée par le tableau 3.0.6-2 constitue le critère de réception lors d'achèvement de la chaussée, le critère compte uniquement la fissure due au retrait à basse température de la chaussée, la fissure de réflexion et la fissure longitudinale ne sont pas comprises.

4 Conception de combinaison des structures

4.1 Règlement général

4.1.1 Comme il existe des différences significatives sur les caractéristiques mécaniques, les caractéristiques fonctionnelles, la loi de dégradation des performances à long terme et les caractéristiques de dommages des combinaisons structurales de différentes chaussées, la combinaison des structures de chaussée doit tenir compte de ces caractéristiques.

La conception synthétique de plate-forme et de chaussée exige la plate-forme d'avoir une capacité portante suffisante et un état d'humidité convenable, de sorte que la combinaison des structures de la chaussée soit en coordination avec la capacité portante de la plate-forme, la condition d'humidité et le type de sol.

La rationalité économique de tout le cycle de vie désigne que tout en envisageant le coût de revient de construction pendant la phase préliminaire de l'ingénierie, il faut prendre en compte le coût de revient de l'entretien et de maintenance à invertir dans la durée d'utilisation du projet, sur cette base, optimiser la solution de combinaison des structures économiques et rationnelles dans tout le cycle de vie.

4.1.2 En Chine, les structures de chaussée sont généralement divisées en couche de surface, couche de base, couche de fondation et sous-couche. Les précédentes règles ont donné à la sous-couche les fonctions de nombreux aspects, y compris l'élévation de fonctions telles que le module de résilience de la partie supérieure de plate-forme, la fonction antigel et de drainage, etc. Comme les fonctions sont différentes, les épaisseurs de différentes couches fonctionnelles et les exigences des matériaux ont une certaine différence, s'il n'est pas distingué, il est facilement provoqué à une confusion dans la conception et l'application. Les présentes règles ont donné à cet effet, les distinctions sur les différentes couches fonctionnelles.

Pour aménager une couche en matériaux granulaires ou une couche de matériaux stabilisés aux liants inorganiques pour élever le module de résilience de la partie supérieure de plate-forme ou améliorer l'état d'humidité de plate-forme, si cela est inclus dans la structure de la chaussée, il est facile à brouiller les exigences de base de la plate-forme, les États Unis d'Amérique et l'Europe les incluent en général dans la plate-forme. Les présentes règles se réfèrent à cette pratique en les incluant dans la plate-forme, elle est appelée la couche d'amélioration de la plate-forme. En ce qui concerne l'aménagement d'une couche au fond de la structure de la chaussée pour jouer un rôle d'une couche fonctionnelle antigel ou de drainage, elle sont inclues dans la chaussée, et appelées respectivement la couche antigel et la couche de drainage.

4.1.3 Le dégât de la structure de chaussée conduit par la fatigue désigne la fissuration de fatigue produite par la résistance à la flexion au fond de la couche de structure. Pour les pathologies de la surface telles que les ornières, les insuffisances des performances antiglissement et les fissures transversales, etc., il est possible de remettre en état la fonction de chaussée par la réparation de la surface, par conséquent, il est stipulé que pour la couche de surface, il est possible de remettre en état la fonction superfficielle dans la durée d'utilisation de projet.

4.2 Combinaison structurale de la chaussée

4.2.1 à 4.2.3 Il est nécessaire que le choix de combinaison de structure de la chaussée doit suffisamment prendre en compte les propriétés de matériaux pour les combinaisons de différentes structures de la chaussée, les performances des structures et les types d'endommagements principaux ainsi que la loi de dégradation des performances. Les types d'endommagements principaux des chaussées dans les combinaisons de différentes de structures sont donnés dans le tableau 4-1.

Tableau 4-1 Types principaux d'endommagements de la chaussée bitumée

Type de structure	Chaussée bitumée sur la couche de base en matériaux granulaires, Chaussée bitumée sur la couche de base aux liants bitumineux ayant la couche de fondation en matériaux granulaires			Chaussée bitumée sur la couche de base en matériaux stabilisés aux liants inorganiques, Chaussée bitumée sur la couhe de baseaux liants bitumineux ayan la couche de fondation en matériaux stabilisés aux liants inorganiques	
Épaisseur de la couche en mélanges bitumineux (mm)	≥150	150 à 50	≤50	≥150	<150
Types de dégâts principaux	Déformation permanente de la couche en mélanges bitumineux, Fissuration de fatigue de la couche en mélanges bitumineux	Fissuration de fatigue de la couche en mélanges bitumineux, Déformation permanente de la couche en mélanges bitumineux	Ornière	Ornière, Fissuration de fatigue de la couche de base, Fissure de réflexion de la couche de surface	Fissuration de fatigue de la couche de base, Fissure de réflexion de la couche de surface
Zone de sol gelé saisonnière	Fissuration à basse températute de la couche de surface				

Comme la capacité portante de la chaussée bitumée sur la couche de base en matériaux stabilisés aux liants inorganiques est élevée, elle est convenable à tous les niveaux de charges de trafic, les principales pathologies consistent en la fissuration due à la fatigue de la couche stabilisée aux liants inorganiques et en la fissure de réflexion de la couche de surface. Aux endroits de fissures, après l'infiltration de l'eau de pluie et de neige, Il est facile d'être endommagé par les boues de pompage vertical, les détachements en vide de la couche de base, etc. Utiliser les matériaux granulaires pour la couche de fondation ou aménager une couche d'amélioration de la plate-forme en matériaux grenus permettent de réduire les boues de pompage et les détachement en vide aux endroits de fissures.

À propos de fissure de réflexion, il n'y a pas ce problème pour la chaussée bitumée sur la couche de base en matériaux granulaires, mais, la couche de surface bitumée supporte de plus grande action de traction par flexion, la fatigue de la couche de surface bitumée constitue l'indicateur principal d'endommagement. Par ailleurs, du fait que les couches de surface bitumineuses de ce genre de structure, les couches en matériaux granulaires et les plates-formes peuvent toutes produire les déformations permanentes, il est nécessaire de prêter attention au problème de l'ornière de la chaussée.

Étant donné que la chaussée bitumée sur la couche de base aux liants bitumineux est applicable à tous les niveaux de charges de trafic, lorsque la couche de fondation est adoptée de matériaux stabilisés aux liants inorganiques, sa performance est analogue à la chaussée bitumée sur la couche de base stabilisée aux liants inorganiques, en raison de la couche de mélanges bitumineux relativement épaisse, la capacité portante de la chaussée est plus forte, et en plus, elle présente une meilleure capacité de retarder la fissure de réflexion. lorsque la couche de fondation est adoptée de matériaux granulaires, sa performance est analogue à la chaussée bitumée sur la couche de base en matériaux granulaires.

Comme la chaussée bitumée sur la couche de base en béton de ciment ayant une capacité portante relativement plus élevée, elle est applicable aux routes classées dont les niveaux de charges de trafic sont lourds et supérieurs. En plus de dégâts couramment rencotrés sur la chaussée en béton de ciment, les pathologies principales de la chaussée de ce genre de structure consistent en la fissure de réflexion aux joints de dalles en béton de ciment et la déformation permanente de la couche de surface bitumée.

4.2.5   Pour les chaussées bitumées sur la couche de base stabilisée aux liants inorganiques et sur la couche de base en béton de ciment dans la zone pluvieuse, il est facile de se développer de la boue de pompage, du détachement en vide, etc., après l'apparition de fissure de réflexion dans la chaussée, ce qui permet d'accélérer la détérioration de l'état de la chaussée. Il est nécessaire de prendre des mesures telles que l'aménagement d'une couche de drainage en matériaux grenus ou une couche d'amélioration de la plate-forme en matériaux granulaires sous la couche de base stabilisée aux liants inorganiques ou sous la couche en béton de ciment, afin de réduire les dégâts dûs à la boue de pompage et au détachement en vide.

4.2.6 Comme la fissure de réflexion est une pathologie couramment rencontrée sur la chaussée bitumée de la couche de base stabilisée aux liants inorganiques, la sélection de matériaux stabilisés aux liants inorganiques dont la résistance à la fissuration est bonne, l'augmentation de l'épaisseur de la couche en mélanges bitumineux et l'installation d'une couche fonctionnelle ayant l'absorption de la contrainte ou l'action de renforcement peuvent jouer un rôle de réduire ou de retarder les fissures de réflexion.

4.3 Plate-forme

4.3.4 En ce qui concerne les types secs ou humides de plates-formes, ils sont divisés en trois catégories selon les profondeurs de niveaux d'eau critiques affectées par l'eau souterraine ou l'eau superficielle accumulée à long terme et la provenance d'humidité de la zone de travail de plate-forme : le type humide contrôlé par l'eau souterraine, le type sec contrôlé par le facteur climatique et le type moyennement humide affecté cumulativement par les facteurs sur deux plans soit l'eau souterraine et le climat.

4.4 Couche de base et couche de fondation

4.4.3 Depuis ces dernières années, la pratique du projet de régénération montre que pour les mélanges bitumineux recyclés à froid, il est possible de réaliser la récupération et la réutilisation de matériaux fraisés de la chaussée existante (ou utilisation par régénération in situ), les performances peuvent satisfaire aux exigences de la couche de base ou de la couche de fondation de différents niveaux de charges de trafic. Les mélanges bitumineux de régénération à chaud de la centrale de mélange par recyclage, ont une performance essentiellement équivalente à celle de l'enrobé nouvellement mélangé, en comparaison avec les mélanges régénérés à froid, le coût de revient est relativement plus élevé, en cas d'utilisation pour la couche de base, il est recommandé d'être utilisé dans les routes dont les niveaux de charges de trafic sont lourds et supérieurs.

4.4.4 Pour réduire ou retarder les fissures de réflexion, entre la couche stabilisée aux liants inorganiques et la couche en matériaux enrobés de liants bitumineux, il est possible d'aménager une couche de macadam gradué, une couche de macadam bitumineux à granulométrie semi-ouverte ou à granulométrie ouverte. Après l'aménagement de la couche de macadam gradué, il faut prêter attention sur la vérification de la durée de vie de fissuration dues à la fatigue de la couche en mélanges bitumineux.

4.5　Couche de surface

4.5.3　La couche de surface en mélanges bitumineux à granulométrie ouverte a une capacité de drainage, après l'infiltration dans la couche de surface, l'eau de pluie est évacuée le long de la partie supérieure de la couche inférieure. La couche inférieure est constitué généralement de mélanges bitumineux à grain moyen ou à gros grain, sujette à apparaître partiellement la situation d'une mauvaise étanchéité à l'eau, pour éviter le dégât dû à l'eau de couche inférieure, il est stipulé que sous la couche de surface à granulométrie ouverte, il faut aménager une couche imperméable à l'eau.

4.5.4　Pour assurer que les mélanges sont compactés, les ségrégations sont réduites durant l'exécution des travaux, on a stipulé les proportions minimales de l'épaisseur de la couche en mélanges bitumineux et de la grosseur maximale nominale de grain et les épaisseurs minimales des mélanges de différentes grosseurs.

4.6　Couche fonctionnelle

4.6.2　L'aménagement d'une couche de drainage en matériaux granulaires peut jouer un rôle de drainage. D'une part, il peut éviter l'affectation de la plate-forme humide, de l'eau de crevasse, ou de l'eau capillaire souterraine etc., sur l'état d'humidité de la chaussée ; d'autre part, drainer à temps l'eau interne de la chaussée pour éviter l'impact sur la plate-forme par l'infiltration descendante.

4.6.3　Compte tenu de ce que les matériaux régénérés à froid sont relativement sensibles au dégât par l'eau, par conséquent, il est stipulé qu'il convient de disposer une couche de scellement entre la couche de structure en matériaux régénérés à froid et la couche bitumineuse.

4.6.4　Comme les chaussées de niveaux de charges de trafic extrêmement lourds, spécialement lourds et lourds ont posé les exigences plus élevées sur la résistance d'adhérence entre les couches, par conséquent, il est stipulé qu'il convient d'adopter la couche d'accrochage de bitume émulsifié modifié, de bitume asphaltique de route ou de bitume amélioré. À cause de différences des propriétés de matériaux entre les dalles en béton de ciment et la couche de surface bitumée, il est relativement difficile de former un accrochage efficace, par conséquent, il est stipulé qu'il convient d'adopter une couche d'accrochage en bitume modifié.

4.6.5 Les liants de la couche d'absorption de la contrainte doivent avoir une bonne capacité d'allongement et une bonne résistance d'accrochage. L'asphalte en caoutchouc est souvent utilisé sur le plan d'ingénierie. Depuis ces dernières années, les équipements de production de bitume caoutchouc deviennent de plus en plus populaires, la commodité est offerte pour l'application d'asphalte en caoutchouc dans la couche d'absorption de contrainte, par conséquent, il est spécifié que pour les matériaux d'accrochage de la couche d'absorption de la contrainte, il convient d'adopter le bitume caoutcouc.

4.8 Drainage de la chaussée

4.8.2 Lors de disposition d'une couche structurale ayant la fonction de drainage, pour assurer la décharge en temps opportun de l'eau entrant dans la chaussée, il est possible d'adopter une forme de même largeur avec la plate-forme, de sorte que l'eau sera évacuée le long du bord de la plate-forme ; il est également possible de disposer un système de drainage du bord de la chaussée pour évacuation.

5 Exigences des propriétés de matériaux et paramètres de conception

5.1 Règlement général

5.1.3 et 5.1.4 Les présentes règles ont fait un rajustement de la méthode de test pour les paramètres de conception des matériaux de chaussée. Compte tenu de ce que les organisations concernées ont besoin d'un processus pour équiper des appareils et équipements d'essai et se familiariser avec les nouvelles méthodes d'essai, par conséquent, il est spécifié que les différents niveaux de paramètres de conception sont définis.

Niveau 1, définir les paramètres de matériaux par mesure réelle des essais au laboratoire, il est nécessaire d'avoir une certaine condition d'équipement, comme le coût de revient pour la conception est élevé, par conséquent, il est spécifié qu'il est utilisé dans l'étape de conception de dessin de la construction des autoroutes et des routes de premières classe. Niveau 2, en profitant des formules empiriques déjà existantes, définir les paramètres de conception, à l'heure actuelle, il n'y a que le module dynamique de mélanges bitumineux qui a la formule de relation empirique correspondante. Niveau 3, en se référant aux valeurs typiques recommandées par les présentes règles, définir les paramètres, il est applicable à toutes les étapes de conception des routes de deuxième classe et inférieure, à l'étape de l'avant-projet des autoroutes et des routes de première classe.

5.2 Plate-forme

5.2.2 Le module de résilience de la partie supérieure de la plate-forme désigne celui dans l'état d'humidité d'équilibre et après la prise en considération des actions de cycles de type sec et humide et de gel et dégel.

5.3　Matériaux granulaires

5.3.6　La couche en matériaux granulaires, à part qu'elle a une capacité portante suffisante (valeur *CBR*, module), a besoin d'avoir encore une certaine capacité hydrophobe, afin de mettre en valeur la fonction de drainage, par conséquent, il est nécessaire de contrôler la teneur en grain inférieur à 0,075 mm dans les mélanges de pierres cassées.

En ce qui concerne les granulats fins de pierres cassées graduée, comme on emploie souvent les matériaux résiduels de tamisage fin de carrière (gravillon), quand la teneur en grain inférieur à 0,075 mm est élevée et la fluctuation est grande, la teneur en grains de moins de 0,075 mm des mélanges préparés est difficile à être assurée, il est possible d'incorporer une certaine quantité de sable naturel à la place de gravillon, afin de réduire la teneur en grains de moins de 0.075 mm jusqu'à la teneur prescrite.

5.3.7　L'étude a montré que l'humidité de la couche en matériaux granulaires est en décroissance après la fin des travaux, elle arrive en fin à l'état d'humidité d'équilibre. En se référant au Guide de conception de chaussée par la méthode américaine mécanique-empirique (MEPDG), on a introduit le coefficient de réglage d'humidité de module, pour refléter l'influence de l'état d'humidité de la couche en matériaux granulaires sur le module après l'ouverture au trafic.

5.3.8　Comme dans la sélection des paramètre de conception, les précédentes règles ont pris en considération la valeur représentative du coefficient de taux de garantie des routes de différentes classes, les présentes règles ont adopté la valeur moyenne pour les paramètres de conception lors de la construction d'un modèle de performance connexe. Par conséquent, il est stipulé que, lors de définition des paramètres de matériaux des couches de structure par la méthode de mesure réelle d'essai, la valeur moyenne des données d'essai est prise.

5.4　Matériaux stabilisés aux liants inorganiques

5.4.2　L'augmentation excessive de la dose de ciment peut rendre les matériaux stabilisés aux liants inorganiques fissurés au retrait, ce qui conduit davantage à l'augmentation des fissures de réflexion, donc, il est nécessaire de la contrôler strictement.

5.4.4　En ce qui concerne la résistance de matériaux stabilisés aux liants inorganiques, en déhors du fait qu'il faut envisager les facteurs tels que la classe de route, le niveau de charge de trafic et la position de la couche de structure etc., il faut prendre également en compte l'impact de l'épaisseur de la couche de structure. L'expérience de l'ingénierie et l'analyse de la structure de chaussée montrent que quand la couche stabilisée aux liants inorganiques est relativement mince, le risque de fissuration due à la fatigue de la chaussée augmente de manière significative. Par conséquent, lorsque dans les structures de la chaussée, il n'y a que 1 à 2 couches stabilisées aux liants inorganiques, il est nécessaire d'adopter les matériaux stbilisés aux liants inorganiques dont la résistance est relativement plus élevée.

Sous le principe de satisfaire les exigences de conception, il faut être prudent pour éviter que la valeur de critère de la résistance à la compression sans étreinte latérale de matériaux stabilisés aux liants inorganiques soit prise d'une manière excessivement élevée, afin de s'abtenir de fissures au retrait excessif conduisant l'augmentation des fissures de réflexion de la chaussée.

5.4.5 Pour le sujet *Recherche sur la Méthode de Conception de la Structure de Chaussée bitumée sur la Base de plusieurs Indicateurs* du projet de science et technologie de construction de transport de la partie Ouest du Ministère des Transports, la comparaison a été faite avec les méthodes d'essai relatives au module de résilience de compression dynamique, au module de traction par flexion dynamique, au module de résilience de compression de la norme européenne, au module d'élasticité de compression uniaxiale par la méthode de section intermédiaire et au module de résilience par la méthode de la partie supérieure adopté par les précédentes règles et etc. Les résultats ont montré que les résultats des tests par les quatre premières méthodes sont proches, et peuvent mieux refléter les caractéristiques mécaniques des matériaux stabilisés aux liants inorganiques, et en plus, les opérations d'essai de compression uniaxiale par la méthode de section intermédiaire sont relativement simples. Par conséquent, les présentes règles prennent cette méthode (Annexe E) comme la méthode d'essai de référence pour tester le module d'élasticité de matériaux stabilisés aux liants inorganiques.

5.4.6 Pour le sujet *Recherche sur la Méthode de Conception de la Structure de Chaussée bitumée sur la Base de plusieurs Indicateurs*, la comparaison a été faite avec le module d'élasticité de matériaux stabilisés aux liants inorganiques, mesuré au laboratoire et le module de la couche de structure contre-calculé par l'emploi de bassin de déflexion de déflectomètre à masse tombante FWD, le premier est d'environ 2 fois le dernier, c'est pourquoi on a introduit le coefficient de réglage de module pour faire réajuster le module d'élasticité du laboratoire au module de couche de structure de chaussée.

5.5 Matériaux aux liants bitumineux

5.5.4 En ce qui concerne le choix de la grosseur maximale nominale de mélanges bitumineux de la couche de surface, dans certaines régions, il existe des malentendus, on considère que plus le diamètre maximal nominal de grosseur est grand, plus la résistance à l'orniérage de matériaux est forte, la résistance au glissement est meilleure. À propos des matières premières données, l'influence de la composition de gradation, de la dose de bitume et du taux de compactage etc. sur la résistance à l'orniérage de mélanges est beaucoup plus grande qu'à celle de grosseur maximale nominale. Tandis que la performance d'antiglissement subit principalement l'influence de la composition de gradation, de la profondeur structurale et de la résistance à l'usure des agrégats, il n'y avait pas de corrélation significative avec la grosseur maximale nominale. En même temps, plus la grosseur maximale nominale est grande, plus la ségrégation est susceptible de se produire dans la construction, et de plus, le risque d'endommagement local dû à l'eau est plus grand. En résumé, il est stipulé que pour la grosseur maximale nominale de mélange bitumineux de la couche de surface, il ne convient pas d'être supérieur à 16,0 mm.

5.5.5 La température de fissuration critique peut reflèter non seulement l'effet cumulé de contraintes de la température de chaussée, mais aussi la résistance à la traction de bitume, la norme technique américaine AASHTO PP42-07 a adopté cet indicateur pour évaluer les performances à basse température de bitume modifié. Les présentes règles les prennent pour un complément des deux indicateurs des performances à basse température, à savoir : la rigidité au fluage de l'essai rhéologique de la poutre de flexion d'asphalte et la pente de la courbe de fluage.

La température de fissuration critique estobtenue par calcul des résultats de deux essais, qui sont respectivement l'essai rhéologique de poutre de flexion de l'asphalte (BBR) et l'essai de traction directe (DT). Leurs méthodes de calcul sont : prendre la courbe $S_{(t)}$ de la rigidité au fluage sous les différentes températures mesurées par l'essai BBR et de temps, profiter de principe d'équivalence de temps-température, on a obtenu la courbe principale de rigidité, ensuite, la rigidité $S_{(t)}$ est convertie en une quantité de compliance de fluage $D_{(t)}$, puis convertie davantage en module de relaxation $E_{(t)}$, enfin, par le module de relaxation, calculer les contraintes de température sous les différentes températures ; tester par l'essai DT la déformation à la rupture et la courbe de résistance à la rupture sous les différentes températures ; la température correspondante au point d'intersection entre la courbe de contrainte de température et celle de la résistance à la rupture, est bien juste la température critique de fissuration de l'asphalte T_{CR}. En profitant de programme fourni par l'instrument d'essai, il est possible de générer automatiquement la courbe de contrainte de la température et la courbe de résistance à la rupture et T_{CR} est également obtenue.

5.5.8 et 5.5.9 La stipulation relative aux exigences de la résistance à la pénétration des mélanges bitumineux vise à contrôler les ornières de la chaussée bitumée. Dans le *Critère de Charge de la Chaussée bitumée* du projet de science et technologie du Ministère des Transports, on a étudié le modèle des relations de la résistance à la pénétration des mélanges bitumineux avec la déformation permanente de la couche en mélanges bitumineux dans des conditions climatiques et de trafic différents et sous les états de structures des chaussées différentes. Sur cette base, on a obtenu la formule des relations destinées à vérifier la résistance à la pénétration des mélanges bitumineux.

Les formules (5.5.8-1) et (5.5.9-1) sont établies en tenant compte des situations de la vitesse moyenne de véhicules. Quand la différence des vitesses de véhicules est relativement plus grande par rapport au tronçon de route normale, par exemple le tronçon de route dont la pente longitudinale est longue et grande, il est possible de vérifier la résistance à la pénétration des mélanges bitumineux selon les formules (5-1) et (5-2). Parmi lesquelles, la formule (5-1) est applicable aux chaussées bitumées sur la couche de base stabilisée aux liants inorganiques, sur la couche de base aux liants inorganiques ayant la couche de fondation stabilisée aux liants inorganiques et sur la couche de base en béton de ciment ; la formule (5-2) est applicable aux chaussées bitumées sur la couche de base en matériaux granulaires et sur la couche de base aux liants bitumineux ayant la couche de fondation en matériaux granulaires.

$$R_{\tau s} \geq \left(\frac{0,31 \lg N_{e5} - 0,38 \lg v_e}{\lg [R_a] - 1,31 \lg T_a - \lg \Psi_s + 2,50} \right)^{1,86} \tag{5-1}$$

$$R_{\tau g} \geq \left(\frac{0,35 \lg N_{e5} - 0,65 \lg v_e}{\lg [R_a] - 1,62 \lg T_a - \lg \Psi_g + 2,76} \right)^{1,86} \tag{5-2}$$

Dans lesquelles :

v_e—Vitesse de circulation moyenne des véhicules poids lourd (km/h).

Les significations des autres symboles sont identique à la formule (5.5.8-1) et à la formule (5.5.9-1).

5.5.10 L'endommagement causé par l'eau est l'un des dégâts principaux des pathologies précoces de la chaussée bitumée. Incorporer la chaux hydratée, le ciment ou les produits anti-désenrobage ou traiter des granulats avec l'eau de chaux saturée, il est possible d'améliorer l'adhérence de granulats avec le bitume, d'élever la force résistante aux dégâts dûs à l'eau des mélanges bitumineux.

5.5.11 Pour les mélanges bitumineux, les précédentes règles ont adopté le module de résilience par la méthode de la partie supérieure à 15 ℃ ou à 20 ℃, il est impossible de refléter la dépendance du module sur la température et le temps de chargement. Les présentes règles adoptent le module de compression uniaxiale dynamique, il est possible d'envisager les influences des deux facteurs susmentionnés, parmi lesquels, la température peut refléter les conditions climatiques de différentes régions, tandis que le temps de chargement peut refléter les influences de la vitesse de circulation et de l'épaisseur de la couche en mélanges bitumineux.

Au cours de l'essai, le temps de chargement est manifesté par la fréquence de chargement. D'après la dispersion de la charge de véhicule le long de la direction de profondeur de la chaussée, vis-à-vis de la vitesse de circulation spécifique, plus elle est près de la surface de route, plus le temps de chargement est court, plus la fréquence correspondante est élevée, dans le cas contraire, plus le temps de chargement est long, plus la fréquence est basse. En associant les recherches corrélatives des pays étrangers, dans les présentes règles, il est stipulé que la fréquence d'essai pour les mélanges bitumineux de la couche de surface est adoptée de 10 Hz, pour les mélanges bitumineux de la couche de base, la fréquence d'essai est adoptée de 5 Hz.

La température d'essai est prise de 20 ℃, lors de vérification de la structure de chaussée, les différents indicateurs de conception et les influences de condition de température de différentes régions sont manifestés par les coefficients de réglage de température ou les températures équivalentes.

6 Vérification de structure de la chaussée

6.1 Règlement général

6.1.2 Après de nombreuses pratiques d'ingénierie et résumé des résultats, les structures de chaussée typiques relativement mûres ont été formées dans de nombreuses régions. Pour les projets dont les classes de route sont faibles, le trafic n'est pas important, il est possible de choisir directement la solution de conception de structure de la chaussée selon les structures empiriques locales. Lorsque la classe de route est élevée, le volume de trafic est important ou le type de la structure de chaussée non couramment utilisé est employé, et alors, il est nécessaire d'effectuer une analyse et une vérification des performances conformément aux présentes règles afin d'assurer la fiabilité de la structure de chaussée.

6.2 Indicateurs de conception

6.2.1 Les présentes règles ont réajusté les indicateurs et paramètres de conception, les indicateurs de conception ont connu une augmentation par rapport aux précédentes règles.

6.3 Paramètres de trafic, de matériaux et d'environnement

6.3.2 Lors de la vérification de la structure de chaussée, on a adopté le module de couche de structure de la chaussée, à savoir le module de test au laboratoire pour les matériaux de la couche de structure est multilié par le coefficient de réglage de module correspondant.

D'après l'analyse corrélative sur les modules de test au laboratoire pour les matériaux de différentes couches de structure et les modules de couches de structure in situ, les modules de test au laboratoire pour les mélanges bitumineux sont proches des modules de couches de structure ; le module de test au laboratoire pour les matériaux stabilisés aux liants inorganiques est d'environ 2 fois le module de la couche de structure.

Pour les matériaux granulaires, on adopte le module de résilience sous la condition d'humidité d'équilibre, à savoir le module de résilience testé sous la condition de référence, est multiplié par le coefficient de réglage d'humidité. La définition de coefficient de réglage d'humidité doit être conforme aux prescriptions concernées de l'article 5.3.7 de présentes règles.

Pour le module de résilience de la partie supérieure de la plate-forme, il est nécessaire de faire un réajustement d'humidité et une réduction des actions de cycle de sec-humide et de gel-dégel. La définition de coefficient de réglage d'humidité et de coefficient de réduction des actions de sec-humide et de gel-dégel doit être conforme aux stipulations concernées de *Règles de Conception pour la Plate-Forme de Route* (JTG D30) en vigueur.

6.3.3 La condition de température atmosphérique est un facteur externe important qui affecte les performances de la chaussée. D'après les températures de chaussées et les observation et analyses des données climatiques correspondantes pendant un an consécutif dans les sept régions de Chine à savoir Guangzhou, Ningbo, Datong, Hami, Qiqihar, Zhenjiang et Jinan, sur la base de l'équation différentielle partielle de la conduction de chaleur unidimensionnelle et de la fonction de flux de chaleur de la surface de route, le modèle d'estimation du champ de température de la chaussée et de la température de surface de la route est résolu, ce modèle est utilisé pour estimer les valeurs de température à différentes profondeurs de la chaussée. Sur la base de l'étude du champs de température de la chaussée, les présentes règles adoptent le coefficient de réglage de la température pour manifester les influences des conditions climatiques de différentes régions sur la fissuration due à la fatigue de la couche de structure de la chaussée et la déformation de compression verticale de la partie supérieure de plate-frome, tandis que la température équivalente est adoptée pour manifester les influences sur les déformations permanentes de la couche en mélanges bitumineux.

6.4 Processus de vérification des structures de chaussée

6.4.2 La déflexion de la partie supérieure de plate-forme et la déflexion de la surface de la route sont des indicateurs importants de la réception de plate-forme et de la chaussée en Chine. La méthode d'essai est largement connu, l'équipement d'essai est relativement populaire, par conséquent, bien que la déflexion ne serve plus d'indicateur de conception, mais, elles sont prises pour les indicateurs de réception de la plate-forme et de la chaussée.

7 Conception de reconstruction

7.1 Règlement général

7.1.1 Comme les *Règles techniques pour l'Entretien de la Chaussée bitumée de Route* (JTJ 073.2), etc. ont déjà donné des prescriptions sur les entretiens quotidiens de la chaussée et la réparation locale, etc. Les présentes règles visent principalement à la conception de renforcement pour la performance insuffisante de structure de la chaussée.

7.1.2 Après une longue période d'exploitation, sur la chaussée, les états de la route ont connu de certaines irrégularités dans les différents tronçons de route, lors de conception de la reconstruction, il est nécessaire d'effectuer une évaluation sur les états de la route par troçon pour établir le plan de reconstruction. En raison des nombreux facteurs affectant la reconstruction de la chaussée, en particulier, l'évaluation des performances des couches structurales de la chaussée existante et la prévision de la durée de vie résiduelle sont difficiles, En déhors du fait qu'il faut faire le calcul et l'analyse nécessaires, la conception de la reconstruction doit également prêter attention à l'expérience d'ingénierie pour déterminer le plan de reconstruction.

7.1.3 L'utilisation de la chaussée existante est un contenu important de la conception de la reconstruction. Pour éviter le gaspillage, il est nécessaire de procéder à une justification et conception détaillée pour mettre en valeur pleinement la performance de la structure de chaussée existante, réduire l'excavation ou le fraisage inutile ; les matériaux de la chaussée excavés et fraisés doivent être recyclés activement et en toute sécurité ou utilisés avec la technologie de régénération sur place.

7.1.4 Dans les travaux de reconstruction de la chaussée, comme l'organisation de trafic a un impact important sur l'organisation du chantier et la sécurité du trafic, il faut mener à bien la conception de l'organisation de trafic et des installations provisoires de la sécurité pendant l'exécution des travaux.

7.1.5 En raison de la complexité des états de la chaussée existante, les enquêtes dans la période de conception sont difficiles à maîtriser précisément les états réels de chaque troçon de route. Et comme dans la période de l'exécution des travaux, on a une meilleure condition d'enquête sur les états de la route, il est nécessaire de procéder aux enquêtes détaillée par tronçon, et d'examiner de nouveau les états de la chaussée existante. Quand il y a un écart entre les états de route in situ et les enquêtes de la période de conception, il faut réajuster le plan de reconstruction sur les tronçons de route correspondants.

7.2 Enquête et analyse de la chaussée existante

7.2.1 L'objet d'enquête de la chaussée existante consiste en l'évaluation de la performance structurale des couches de structure de la chaussée existante et de la propriété de matériaux, l'analyse sur la cause de production de pathologie de surface de route a pour but de proposer la solution technique pour éliminer la pathologie ou retarder le développement de la pathologie. Du fait de la consistance technique compliquée de la chaussée existante, il est difficile de proposer une méthode d'enquête et d'évaluation unifiée et applicable aux chaussées existantes de différentes régions. Par conséquent, le présent article n'a listé que les contenus principaux à comprendre dans les enquêtes et les détails de l'enquête concrète doivent s'associer avec les situations réelles des travaux pour définition.

7.2.2 À part les indicateurs d'évaluation des états de la route indiqués dans les normes telles que le *Critère d'Évaluation des États techniques de la Route* (JTG H20) etc., dans la conception de reconstruction, il faut également compléter les indicateurs d'évaluation ciblés tels que l'espacement des fissures dans la surface de chaussée, le taux de fissures longitudinales, le taux de surface de fissures en réseau et le taux de surface de réparation etc. Parmi lesquels, le taux de fissures longitudinales est une valeur du rapport entre la longueur de la fissure longitudinale et la longueur de la voie de circulation, le taux de surface de fissures en réseau et le taux de surface de réparation désignent respectivement les pourcentages de la surface rectangulaire connectée à l'extérieur de fissures en réseau et de la réparation sur la surface des voies de circulation. Les indicateurs susmentionnés doivent faire l'objet d'une statistique par tronçon et par voie de circulation.

7.2.3 La cause de pathologie de la chaussée, le niveau de couche, le degré de destruction, la tendance de développement et le degré utilisable sont une base importante pour déterminer le plan de traitement des chaussées existantes. Il est nécessaire d'analyser systématiquement la cause de production de pathologie d'une ingénierie particulière et la tendance de développement selon les états de la chaussée et les facteurs d'impact corrélatifs, d'après le niveau de couche où se produit la pathologie et le degré de gravité, en association avec les états de charges de trafic, la condition climatique et la solution de reconstruction à adopter, on justifie si la couche de structure de la chaussée existante peut être utilisée continuellement et analyse comment l'utiliser.

7.3 Solution de reconstruction

7.3.2 La conception de la reconstruction comprend celle de plan de traitement de la chaussée existante et de la solution de revêtement. Quand le dégât structural n'est pas produit sur la chaussée et en plus, la densité de pathologies n'est pas grande sur la surface de route, il est possible de prendre la solution de traitement local de pathologie, à savoir prendre le traitement local en visant la position et le type de pathologie. Quand la densité de pathologies de la chaussée est relativement grande, le volume de traitement de pathologie est grand et la performance globale de la chaussée après le traitement a connu une baisse relativement importante, ou sur un tronçon de chaussée relativement long où se produit le dégât structural, il faut adopter le mode de traitement global, ce mode consiste principalement en l'ajout d'un revêtement direct par une couche de structure plus épaisse, en le fraisage sur un tronçon total jusqu'à une certaine couche de structure, et puis avec un ajout d'un revêtement, ou après la régénération sur place, en la mise en place d'un revêtement.

Le tableau 7-1 montre les cas applicables pour les solutions de tratement global d'une partie de travaux réalisés auparavent, en satisfaction à l'un des indicateurs ci dessous, il est possible de sélectionner la solution de traitement global.

Tableau 7-1 Conditions d'application pour la solution de traitement global de la chaussée

N°	Indicateur	Étendue
1	Taux de dégât DR (%)	⩾10
2	Problème de fissure (m)	⩽15
3	Taux de surface en réseau (%)	⩾10
4	Taux de surface de réparation (%)	⩾10
5	Déflexion de la surface de chaussée	Supérieur à la valeur critique de déflexion

Dans le tableau, la valeur critique de déflexion est destinée à justifier si la chaussée a connu un dégât structural. Par mesure réelle de la valeur de déflexion de la surface de route et par carottage au point de test de la déflexion correspondante, d'après l'intégrité et la résistance de l'échantillon de carotte et la corrélation avec la valeur de déflexion de la surface de route, analyser la valeur critique de la déflexion de la rupture de couche de structure de la chaussée correspondante. En raison de nombreux facteurs d'influences de la déflexion et de la complexité des états de structure de la chaussée, entre la valeur critique de déflexion et l'état de dégât de couche de structure de la chaussée, il ne peut que tracer souvent une correspondance approximative. Par conséquent, dans la période de conception, il ne peut déterminer grosso modo que le tronçon de route dont l'intégrité de traitement est nécessaire, au cours de l'éxécution des travaux, il faut renforcer la justification par la deuxième fois sur le tronçon de route à traiter globalement. Pour les opérations de justification, il est possible d'adopter le mode de carottage in situ, d'après l'intégrité ou la résistance de l'échantillon de carotte, justifier si les dommages structurels sont produits dans le tronçon de route correspondant.

7.3.3 Le plan de reconstruction peut être divisé en deux catégories selon les états de dégât et le degré utilisable de la chaussée existante, pour la première catégorie, après le traitement de pathologie locale, revêtir directement une ou plusieurs couches de structure sur la partie supérieure de la chaussée existante ; pour la deuxième catégorie, fraiser la chaussée existante jusqu'à une certaine couche de structure ou après la régénération de la chaussée existante, revêtir une ou plusieurs couches de structure.

7.3.4 Les fissures de réflexion sont un problème couramment rencontré dans les travaux de reconstruction. Quand les fissures transversales de la chaussée existante sont relativement nombreuses, pour réduire et retarder les fissures de réflexion, il est possible d'augmenter l'épaisseur de la couche de structure ou de prendre des mesures par ajout d'une couche d'absorption de la contrainte de bitume caoutchouc ou d'une couche intercalaire de matériau géotechnique, etc.

7.3.5 Si le système de drainage de la chaussée existante est en défaillance, ou mal réglé, il peut conduire à un mauvais drainage interne de la chaussée, il est possible de causer des dommages dû à l'eau qui sont présentés par la boue de pompage, le phénomène lâche et creux, etc. Lorsqu'une telle situation existe, dans la conception de reconstruction, il faut réaménager le système de drainage ou prendre des mesures pour améliorer la capacité de drainage du système de drainage d'origine.

À cause de la différence entre les matériaux de la couche de revêtement et de la chaussée existante et de l'influence de la qualité de la construction, il est difficile de former une liaison efficace entre la couche de revêtement et la chaussée existante, et il est nécessaire de prêter attention à la conception de la couche d'accrochage et de la couche de fermeture entre la couche de revêtement et la chaussée existante.

7.4 Vérification des structures de la chaussée reconstruite

7.4.1 La conception de la reconstruction a une meilleure condition que la conception de construction neuve pour procéder aux enquêtes et analyses des paramètres de trafic, en utilisant les données de trafic cumulées de système de péage par poids et les observations nécessaires in situ, il peut obtenir des données plus précises des paramètres de charge de trafic.

7.4.2 La chaussée après la reconstruction doit atteindre la même exigence de la performance que la chaussée neuve.

7.4.3 et 7.4.4 D'après les états de dommages de la chaussée existante et le plan de revêtement, on détermine si la structure de la chaussée existante doit faire l'objet d'une vérification, lors de définition de la conception de reconstruction.

Lorsque le dégât de la chaussée existante n'est pas important et en plus, la performance structurale est bonne, la conception de reconstruction doit tirer parti de la performance structurale de la chaussée existante, en exigeant que la structure de la chaussée existante ne fait pas l'objet de dégât structural dû à la fatigue dans la durée d'utilisation de projet. N'importe quel plan de revêtement direct ou d'un fraisage jusqu'à une certaine couche structurale ou d'une régénération in situ et puis avec l'ajout d'un revêtement, il est nécessaire de procéder tout à la vérification structurale de la chaussée existante et de la couche de revêtement. Les paramètres de conception tels que les modules de différentes couches de structure de la chaussée existante etc. sont déterminés à l'aide de la méthode de contre-calcul de bassin de déflexion ou de la méthode de mesure rélle sur l'échantillon de carottes.

Lorsque la chaussée existante a subi de graves endommagements ou la résistance de structure est sensiblement insuffisante, la structure de la chaussée existante est difficile d'être en bon état dans la durée d'utilisation de la structure de projet, lors de conception de la reconstruction, la structure de la chaussée existante ainsi que la plate-forme de route sont considérées comme un corps de l'espace semi-infini, prendre le module de résilience équivalent de sa partie supérieure pour procéder à la conception de structure de revêtement. N'importe quel plan de revêtement direct ou d'un fraisage jusqu'à une certaine couche structurale ou d'une régénération in situ et puis avec l'ajout d'un revêtement, seule la couche de revêtement est nécessaire d'être vérifiée.

Comme les matériaux de couche stabilisés aux liants inorganiques sont caractérisés par une croissance à long terme de performance, lors de mesure réelle de la résistance de la couche structurale de chaussée existante par la prise d'échantillon de carotte in situ, il est possible d'apparaître une situation dans laquelle la résistance de l'échantillon de carotte pris in situ est supérieure à celle de la conception. Les présentes règles ont établi le modèle de performance de corrélation, en prenant les paramètres des états de l'étape initiale après l'achèvement de la chaussée comme la base ; mais, quand on adopte directement la résistance de l'échantillon de carotte de la couche aux liants inorganiques de la chaussée existante pour procéder à la vérification de la structure, il existe quelques erreurs. Il est nécessaire de réduire d'une manière appropriée la résistance de la couche de structure en fonction du nombre de charges de trafic et des états de dommages subis par la chaussée existante. Il convient que la résistance après réduction ne doit pas dépasser les dispositions concernées de la section 5.4 de présentes règles. Certaines organisations utilisent le rapport entre la résistances des échantillons de carotte aux endroits de voie de circulation et celle de l'accotement dure comme facteur de réduction de la résistance, il a une certaine importance référentielle.

8 Conception de revêtement du tablier de pont

8.1 Règlement général

8.1.1 La couche de revêtement du tablier de pont joue un rôle de protection de la structure de pont, d'assurer la sécurité de circulation et d'élever le confort de circulation. La pratique d'ingénierie a montré que la couche de revêtement en mélanges bitumineux du tablier de pont est plus sujette à produire la pathologie que la chaussée sur le tronçon de la plate-forme, et il est nécessaire de prendre des mesures à bien des égards pour assurer la performance de revêtement du tablier de pont. Ces mesures incluent notamment la bonne conception de protection et de drainage, la réduction de l'eau de pluie infiltrée ou stagnante dans la couche de revêtement ; la bonne conception de traitement de dalle du tablier de pont et de la couche d'accrochage et l'assurance de la liaison efficace entre la couche de revêtement et la dalle du tablier de pont ; ainsi que la sélection de mélanges bitumineux pour la couche de revêtement dont la perméabilité est basse et la résistance à la déformation est bonne etc.

8.2 Revêtement du tablier de pont en béton de ciment

8.2.1 Le fraisage de dalle du tablier de pont et le traitement par grenaillage peuvent éliminer le coulis superficiel du tablier et la couche tendre, renforcer l'effet d'étanchéité de la couche imperméable, et élever l'intensité d'adhésion entre les couches. La dalle du tablier de pont après le traitement a une certaine profondeur structurelle permettant de former une résistance au cisaillement plus élevée et une meilleur adhérence entre la couche de revêtement en mélanges bitumineux et le tablier de pont.

8.2.6 La couche de revêtement du tablier de pont est adoptée d'une couche en mélanges bitumineux type sable-grain, ayant une fonction imperméable à l'eau, de nivellement et anti-fatigue, cette couche est généralement utilisée dans la couche inférieure de revêtement.

8.2.8 Les mélanges bitumineux aux parties de contact avec les ouvrages tels que la bordure, la glissière de sécurité et le puits de pluie etc. sont relativement difficiles à être compactés, ils deviennent un passage d'infiltration de l'eau de pluie dans les couches de revêtement, il est nécessaire de procéder au traitement de fermeture des joints. En même temps, ces parties en dessous de la pente transversale, sont sujettes à obturer l'eau entre les couches de revêtement, il faut prendre des mesures de drainage appropriées.

8.2.9 Installer les drains longitudinaux au bord de la couche de revêtement, il est favorable à drainer l'eau entre les couches, à baisser le risque de dégât dû à l'eau, une attention doit être accordée à la hauteur du trou de décharge, qui doit être inférieur à la base de couche de revêtement.

8.3 Revêtement du tablier de pont métallique

8.3.2 Pour le tablier métallique de pont, il est couramment utilisé de matériaux imperméables appropriés à la structure de revêtement. Par exemple, pour les matériaux imperméables de revêtement de béton bitumineux époxy, est souvent utilisé le bitume époxy ou la résine époxyde, pour le matériaux imperméables de revêtement en béton coulé, est souvent utilisée l'émulsion de bitume caoutchouc. Par conséquent, il est spécifié que la sélection de matériaux imperméables doit être en coordination avec les matériaux de la couche de revêtement.

Annexe A
Analyse des paramètres de charges de trafic

A.1 Classification de types de véhicules

A.1.1 et A.1.2 Pour la classification des compositions de trafic dans les précédentes règles, on a employé la méthode de types représentatifs de véhucule, en général, le trafic mixte est divisé en 5 à 6 types représentatifs, comme la classification est peu nombreuse, il est difficile de prendre en considération d'une façon suffisante des influences de la composition et de la surcharge des véhicules sur la chaussée.

Sur la base d'enquête des paramètres de trafic de plus de 60 routes, les présentes règles ont divisé les compositions de trafic en 11 types de véhicules selon les structures de véhicules, les compositions de groupes d'essieu et les actions de destruction sur la chaussée, et d'après le spectre de charges d'essieu, effectuer des statistiques de la distribution de poids d'essieu sur les intervalles de différents poids d'essieu, afin d'analyser de façon plus précise les paramètres de trafic.

Les types de véhicule sont nommés par la composition de groupes d'essieu, à titre d'exemple, pour le « véhicule de marchandise type15 », il désigne que l'essieu avant est un essieu de type 1, l'essieu arrière est un essieu de type 5. Le véhicule de type 1 désigne le véhicule léger ou la camionnette de masse de charge légère, dont la destruction est faible sur la chaussée, lors de conception de la chaussée, les véhicules de ce genre sont négligés ; le véhicule de type 2 désigne le car, qui a une certaine action de destruction sur la chaussée, il est nécessaire de prendre en compte dans la conception de la chaussée ; à part les véhicules de type 1 et de type 2, les autres types de véhicules désignent les camions de marchandises, qui ont des effets significatifs sur la chaussée. Pour expression plus facile, outre que les véhicules de type 1, les véhicules de types 2 à 11 sont tous appelés autocars et camions de grande dimension. En Chine, comme le type d'essieu 3 (double essieu accouplé d'un simple pneu à chaque côté), le type d'essieu 4 (double essieu accouplé d'un simple pneu et de deux pneus à chaque côté) et le type d'essieu 6 (triple essieu accouplé d'un simple pneu à chaque côté) occupent une proportion très faible, pour une analyse simplifiée, il est possible de les attribuer au type d'essieu 5 (double essieu accouplé de deux pneus à chaque côté) et au type d'essieu 7 (triple essieu accouplé de deux pneus à chaque côté).

A.2 Enquête sur les données de trafic

A.2.5 Le coefficient de voie de circulation désigne la proportion de quantité de cars et de camions de grande dimension des voies de circulation de projet sur le volume de trafic de cars et de camions en question dans cette direction. Le volume de trafic de section, multiplié par le coefficient directionnel et le coefficient de voie de circulation, soit le volume de trafic de la voie de circulation de projet.

A.2.6 Le coefficient de distribution des types de véhicule étant le pourcentage d'une quantité de certain type de véhicules sur le nombre total de véhicules de types 2 à 11, est un paramètre important qui reflète la composition de trafic. Le coefficient de type de véhicule de marchandises TTC est un paramètre reflétant les pourcentages occupés par les véhicules monoblocs et les véhicules semi-remorques dans la composition de véhicules. Dans le Guide de conception de chaussée par la méthode américaine mécanique-empirique (MEPDG), selon le coefficient de type de véhicule de marchandises TTC, la composition de trafic routier est divisé en 17 types. D'après l'analyse sur les données de trafic de Chine, cette classification TTC est trop lourde, l'utilisation est incommode. Les présentes règles ont simplifié la classification TTC en 5 types, et donné le coefficient de répartition à chaque type de véhicule classifié.

A.3 Conversion de charge par essieu de conception équivalente de véhicules

A.3.1 Le paramètre de conversion de charge d'essieu comprend le coefficient de groupe d'essieu, le coefficient de groupe de roues et le coefficient de conversion, ces trois paramètres sont directement affectés par les paramètres de conception des chaussées et les modèles de performance. Selon le système de paramètres et le modèle de performance, adopté par les présentes règles, après un grand nombre d'analyses par calcul structural typiques, on a obtenu le coefficient de groupe d'essieu, le coefficient de groupe de roues et le coefficient de conversion correspondant.

Le véhicule non pleinement chargé et le véhicule pleinement chargé sont divisés par le poids total de référence, le véhicule inférieur et égal au poids total de référence est un véhicule non pleinement chargé, sinon, c'est le véhicule pleinement chargé. Les poids totaux de référence sont les suivants :

1) 180 kN pour véhicule de marchandise à deux essieux.

2) 250 kN pour véhicule de marchandise à trois essieux (270 kN pour véhicule train de marchandise à trois essieux).

3) 310 kN pour véhicule à quatre essieux (360 kN pour véhicule train de marchandise à quatre essieux).

4) 430 kN pour véhicule train de marchandise à cinq essieux.

5) 490 kN pour véhicule train de marchandise à six essieux et supérieurs, dont 460 kN quand l'essieu moteur de tracteur est un essieu simple.

Dans les critères de poids total des véhicule susmentionnée, à part l'essieu moteur, les pneus de chaque côté de double groupe d'essieux, de triple groupe d'essieux et d'essieux de véhicule de semi-remorque et de remorque complet sont calculés selon les deux pneus, si le pneu de chaque côté à chaque essieu est singulier, le critère de limitation est réduit de 30kN ; lorsque la masse totale maximale admissible de véhicule dépasse la somme de charges de chaque essieu maximale admissible, on prend la somme de charges de chaque essieu maximale admissible de différents véhicules comme le critère de justification.

Pour le car (véhicule de type 2), actuellement en Chine, la plupart de perception des péages par poids n'enregistre pas le poids d'essieu de car, donc, le nombre de sièges est pris pour diviser les cars, le critère de division consiste en le nombre de 39 sièges (y compris 39 sièges) dont ce qui est inférieur à ce nombre est considéré comme un véhicule non pleinement chargé, ce qui est supérieur à ce chiffre est pris comme un véhicule pleinement chargé.

Quand la somme de poids d'essieu de référence correspondants à différents essieux n'est pas cohérente avec le poids total de référence de ce véhicule, ce qui est relativement plus petit est pris comme le critère de démarcation entre les deux véhicules non pleinement chargé et pleinement chargé.

Selon les statistitiques et analyses des paramètres de trafic sur 44 sections de route dans de différentes provinces, on a obtenu le rapport des véhicules non pleinement chargés et pleinement chargés, listé dans le tableau A.3.1-2 et le coefficient de conversion de charge d'essieu de la conception équivalente listé dans le tableau A.3.1-3.

Annexe B
Méthode de vérification de la structure de chaussée

B.1 Vérification de la fissuration due à la fatigue de la couche en mélanges bitumineux

B.1.1 D'après les resultats d'essai de fatigue par les modes de chargement de 108 fois de contraintes constantes et de 618 fois de déformations constantes, on a établi le modèle de fissuration de fatigue de la couche en mélanges bitumineux. En tirant parti des données de fatigue au total de 30 planches d'essai des chaussées bitumées, qui sont réparties respectivement à Beijing pour 3 plaques d'essai ALF, à Berkeley, Université de Californie USA pour 6 planches d'essai de simulation de véhicules lourds HVS, à WesTrack Périphérique de l'Ouest USA pour 8 planches d'essai, à MnROAD, Minnesota USA pour 10 planches d'essai et à NCAT (Centre d'Étude National Américain pour la Technique Asphaltique) pour 3 planches d'essai, le modèle de fissure de fatigue déjà établi est validé et corrigé.

L'action de cyclage gel-dégel de la zone de sol gelé saisonnière peut causer un certain dégât sur la chaussée, baisser ainsi la durée de vie de la fissuration de la fatigue de chaussée. Compte tenu de cette action, les présentes règles introduisent le coefficient de réglage de la zone de sol gelé saisonnière k_a dans les modèles de fissuration de la fatigue de la couche en mélanges bitumineux et de la couche stabilisée aux liants inorganiques.

L'étude a montré que le modèle de fissuration de fatigue par le mode de chargement de la déformation constante est relativement plus applicable à la couche mince en mélanges bitumineux et que le modèle de fissuration de fatigue par le mode de chargement de la contrainte constante est relativement plus applicable à la couche épaisse en mélanges bitumineux, pour la couche en mélanges bitumineux d'une épaisseur intermédiaire, il est nécessaire d'établir une relation de transition entre les deux, les présentes règles introduisent le coefficient de mode de chargement pour la fissuration de la fatigue k_b afin de procéder à la transition et à la conversion entre les différents modes de chargement.

B.2 Vérification de la fissuration due à la fatigue de la couche en matériaux stabilisés aux liants inorganiques

B.2.1 D'après 148 resultats d'essai de fissuration de fatigue sur les mélanges de quatre catégories couramment utilisés, qui sont de gravier stabilisé au ciment, de pierres cassées stabilisées au ciment, de sol stabilisé au ciment et de pierres cassées stabilisées à la chaux-cendre de charbon, on a établi les modèles de fissuration de fatigue des matériaux granulaires stabilisés aux liants inorganiques et de sol stabilisé.

En raison de manque des données sur le terrain, la validation de modèle de fissuration de la fatigue de couche stabilisée aux liants inorganiques est relativement difficile. Sur la base d'un grand nombre d'enquêtes et d'études des structures de la chaussée bitumée sur la couche de base stabilisée aux liants inorganiques, nous avons induit et mis en ordre les structures typiques de chaussées bitumées sur la couche de base stabilisée aux liants inorganiques dans de différentes conditions de fonctionnement y compris les facteurs tels que la classe de route, le paramètre de charge de trafic et le module de résilience de la plate-forme etc. En faisant la comparaison des états de dégât de la structure typique des chaussées de l'enquête et étude avec les résultats d'analyse de modèles de fissuration de la fatigue susmentionnés, on a introduit le coefficient de révision synthétique sur terrain k_c, afin de refléter l'écart entre le modèle de performance au laboratoire et le dégât dû à la fissuration par fatigue sur terrain.

B.3 Vérification de la quantité de déformation permanente de la couche en mélanges bitumineux

B.3.2 D'après 229 résultats d'essai d'orniérage efficace sur les mélanges bitumineux de différentes espèces et sous les différentes conditions de temperature, de pression etc. on a établi le modèle d'estimation de la quantité de déformation permanente de la couche en mélanges bitumineux, y compris les paramètres tels que le nombre d'actions de charges, la température, la contrainte de compression verticale, l'épaisseur de couche et la quantité de déformation permanente par l'essai d'orniérage etc., et en tirant parti des données d'orniérage de plusieurs années sur plus de 10 routes à l'intérieur de Chine et des données d'orniérage de 5 planches d'essai, la correction et la validation de ce modèle ont été effectuées.

Compte tenu des écarts sur la répartition des contraintes aux différentes profondeurs de la chaussée bitumée et de résistances à l'orniérage de différentes couches en mélanges bitumineux, il est spécifié que le calcul de la quantité de déformation permanente doit être effectué par couche. Les écarts entre les valeurs cumulées des déformations permanentes de différentes sous-couches et la quantité totale de déformation permanente des couches en mélanges bitumineux etc. sont déjà pris en compte dans le coefficient de révision synthétique k_R.

Il est nécessaire que l'analyse structurale doit prendre en compte l'entretien et la maintenance de la chaussée. Pour le projet dont le volume de trafic est important, le rapport de charge de poids lourd est élevé, il est nécessaire parfois d'effectuer une fois ou plus d'une fois la réparation de l'ornière dans la durée d'utilisation de projet, dans ce cas, pour N_{e3}, on emploie le nombre d'actions de charge d'essieu de la conception équivalente dans la période à partir de l'ouverture au trafic au jour du premier entretien.

La formule (B.3.2-1) est supposé que le taux des vides sur terrain de la chaussée soit proche de celui de l'éprouvette d'essai de l'ornière, quand l'écart des deux est relativement grand, il est possible d'adopter la formule (B-1) pour estimer la quantité de déformation permanente de la couche en mélanges bitumineux.

$$R_a = \sum_{i=1}^{n} R_{ai}$$

$$R_{ai} = 2,31 \times 10^{-8} k_{Ri} T^{2,93} p_i^{1,80} N_{e3}^{0,48} \left(\frac{V}{V_0}\right)^{0,83} \left(\frac{h_i}{h_0}\right) R_{0i} \qquad (B-1)$$

Dans lesquelles :
  V —Taux des vides initial de la couche en mélanges bitumineux après la fin de construction (%) ;
  V_0 —Taux des vides de l'éprouvette d'essai de l'ornière (%) ;
Les significations d'autres symboles sont identiques à la formule (B.3.2-1).

B.4 Vérification de déformation de compression verticale de la partie supérieure de la plate-forme

B.4.1 La déformation de compression verticale de la partie supérieure de la plate-forme est un indicateur important de la conception des chaussées bitumées sur la couche de base en matériaux granulaires et sur la couche de base aux liants bitumineux ayant la couche de fondation en matériaux grenus, cet indicateur est ajouté dans les présentes règles. Les méthodes de conception concernées des pays étrangers sont visées en général à éviter la plate-forme de produire la déformation permanente excessive par contrôle de la déformation de compression verticale de la partie supérieure de la plate-forme et en adoptant la planche d'essai ou les données d'observation in situ pour ajuster les relations de la déformation de compression verticale avec les paramètres de charge de trafic. En Chine, l'application de la chaussée bitumée sur la couche de base en matériaux granulaires est peu nombreuse, il manque de données suffisantes mesurées in situ. À cet effet, on a mis en ordre 195 données des structures de la chaussée sur les planches d'essai de route AASHO et le nombre d'actions de charge d'essieu correspondant au moment où l'Indice PSI (present serviceability index) atteint 2,5, par contre-calcul de des valeurs de déformation de compression verticale de la partie supérieure de la plate-forme de différentes structures, on a établi la relation empirique entre la déformation de compression verticale de la partie supérieure de la plate-forme et le nombre d'actions de charge d'essieu de 100 kN, après le réajustement et révision, ce modèle est établi.

B.5 Vérification de l'indice de fissuration à basse température de la couche de surface bitumée

B.5.1 La fissuration à basse température de la chaussée bitumée dans la zone de sol gelé saisonnière est une pathologie couramment rencontrée. Pour les présentes règles, la méthode empirique est adoptée, on a analysé les relations des états de fissuration à basse température de la chaussée avec la nature de bitume, la structure de la chaussée, les types de sol de plus de 10 tronçons de routes dans la région de Nord-Est de Chine, en se référant au modèle Haas de Canada, le modèle d'estimation des indices de fissuration à basse température de la chaussée est établi.

B.6 Vérification d'épaisseur antigel

B.6.1 Les coefficient de propriété thermophysiques de différentes couches de matériaux de plate-forme et de la chaussée dans les étendues de profondeur de congélation de la terre sont calculés selon la valeur moyenne pondérée des épaisseurs.

B.7 Valeur de déflexion de réception pour la structure de la chaussée de projet

B.7.1 et B.7.2 La formule (7.4.4) est dérivée par la solution théorique de déplacement vertical de la partie supérieure du corps élastique de l'espace semi-infini sous l'action d'une charge d'un simple cercle, elle est applicable à la situation des matériaux non traités destinés au remplissage de la plate-forme. Pour la plate-forme adoptée de couche d'amélioration avec les matériaux granulaires ou les matériaux traités aux liants inorganiques, il est possible d'analyser le déplacement vertical de la partie supérieure de la plate-forme selon la condition de stratification de la plate-forme, en adoptant la théorie de système à couche élastique, et de définir la valeur de déflexion de la réception de la partie supérieure de plate-forme en associant les résultats analytiques et les expériences d'ingénierie locale.

Lors de calcul de la valeur de déflexion de la partie supérieure de plate-forme, on adopte le module de résilience équivalent de la partie supérieure sous l'état d'humidité d'équilibre de la plate-forme, à savoir, c'est uniquement le coefficient de réglage d'humidité qui est prise en compte, tandis que le coefficient de réduction de module après les actions de cyclage de l'état sec-humide et de gel-dégel ne sera pas pris en considération. Lors de test de déflexion, quand il existe l'écart entre l'humidité de plate-forme et l'humidité d'équilibre, il faut procéder à la correction de l'humidité.

B.7.3 et B.7.4　Lors du calcul de la valeur de déflexion de réception de la surface de route, pour la plate-forme, on adopte le module de résilience équivalent de la partie supérieure sous l'état d'humidité d'équilibre, multiplié par le coefficient de réglage de module k_1, k_1 est destiné à coordonner l'écart entre la déflexion théorique et la déflexion de mesure réelle.

Lors du calcul de la valeur de déflexion de réception de la surface de route pour la structure de la chaussée de reconstruction, le coefficient de réglage de module de la plate-forme k_1 est nécessaire à prendre en compte de différentes solutions de reconstruction. Pour le tronçon de route dont le dégât de la chaussée n'est pa grave et la performance structurale est bonne, quand le module de plate-forme est défini par la méthode de contre-calcul par couche avec le bassin de déflexion, k_1 est pris à 1,0 ; pour le tronçon de route dont le dégât de la chaussée existante est grave ou la résistance structurale est sensiblement insuffisante, il faut définir selon la formule (7.4.4) le module de résilience équivalent de la surface de route ou de la partie supérieure d'une certaine couche structurale atteinte par le fraisage de la chaussée existante, quand la couche de revêtement contient une couche stabilisée aux liants inorganiques ou une couche en béton de ciment, k_1 est pris à 0,5, dans les autres cas, k_1 est pris à 1,0.

Pour la couche en matériaux aux liants bitumineux, quand on adopte le module de compression dynamique à 20 ℃, lors de test de déflexion, il est nécessaire de procéder à la révision de la température selon la condition de la température de la chaussée.

Annexe C
Solution structurale de la chaussée bitumée

C. 0. 1 Pour maîtriser les structures couramment utilisées de la chaussée bitumée en Chine, résumer les expériences et les résultats des combinaisons de structures de la chaussée, en 2011, on a procédé aux enquêtes et études sur les structures de chaussée de 17 provinces de Chine. D'après les résultats d'enquête et d'étude, on a résumé et induit les structures couramment utilisées de la chaussée bitumée sur la couche de base stabilisée aux liants inorganiques et sur la couche de base aux liants bitumineux ayant la couche de fondation stabilisée aux liants inorganiques, elles sont listées dans les tableaux C. 0. 1-1, C. 0. 1-2 et C. 0. 1-5.

En Chine, à cause de manque d'expériences suffisantes de l'ingénierie des chaussées bitumées sur la couche de base en matériaux granulaires et sur la couche de base aux liants bitumineux ayant la couche de fondation en matériaux granulaires, les tableaux C. 0. 1-3 et C. 0. 1-4 sont principalement basés sur les résultats de vérification et d'analyse des structures couramment utilisées à l'étranger.

Entre la couche de base en macadam bitumineux et la couche stabilisée aux liants inorganiques, on a ajoutée une couche de pierres cassées graduées, cette structure a pris une certaine envergure d'application dans la province Fujian et d'autres endroits et obtenu de bons résultats dans le but de réduire des fissures de la chaussée. D'après ces expériences, nous avons proposé la structure qui est indiquée dans le tableau C. 0. 1-6.

Annexe D
Méthode d'essai de module de résilience de matériaux granulaires

D.5 Calcul de module de résilience

D.5.2 Le module de matériaux granulaires a une dépendance évidente à la contrainte, le projet de science et technologie de la construction de transport de l'Ouest du Ministère des Transports concernant « *Étude des Indicateurs et Paramètres de Conception de la Chaussée bitumée* » a fait une comparaison avec les formes de modèle constitutif de modules de résilience de matériaux granulaires de plusieurs espèces, et estimé que le modèle de trois paramètres poroposé par la « *Méthode de Détermination par l'Essai de Module de Résilience dans la Conception de la Chaussée bitumée* » du projet de la coopération et de l'étude pour les routes nationales américaines (NCHRP 1-28) est plus convenable à manifester les caractéristiques de dépendance de la contrainte de module des matériaux granulaires. La formule (D.5.2) de présentes règles a adopté ce modèle constitutif.

Annexe G
Coefficient de réglage de la température et la température équivalente

G.1 Coefficient de réglage de la température

G.1.1 Le coefficient de réglage de la température et la température équivalente sont déterminés par deux démarches, tout d'abord on a défini selon les données analytiques de la température atmosphérique et le tableau G.1.2, le coefficient de réglage de température de la structure de chaussée de référence et la température équivalente, ensuite procédé à la révision des épaisseurs de couches structurales et de modules, on obtient les coefficients de réglage de température de la chaussée de différentes structures et les températures équivalentes. Les structures de la chaussée de référence sont divisées en deux formes structureales : la chaussée bitumée sur la couche de base en matériaux granulaires et la chaussée bitumée sur la couche de base stabilisée aux liants inorganiques ; l'épaisseur de la chaussée bitumée est de $h_a = 180$ mm, celle de la couche de base aux matériaux granulaires ou de la couche de base stabilisée aux liants inorganiques est de $h_b = 400$ mm. Le module dynamique de mélanges bitumineux est de $E_a = 8\ 000$ MPa, le module de résilience de la couche en matériaux granulaires est de $E_b = 400$ MPa, le module d'élasticité de la couche stabilisée aux liants inorganiques est de $E_b = 7\ 000$ MPa, le module de résilience de la plate-forme est de $E_0 = 100$ MPa.

G.1.2 à G.2.1 Les coefficients de réglage de la temperature de structure de chaussée de référence des différentes régions et les températures équivalentes de référence peuvent être déterminés en se référant au tableau G.1.2, il est aussi possible de collecter auprès de département météorologique les données de température non inférieures à 10 ans consécutifs, de calculer la température moyenne du mois le plus chaud, du mois le plus froid et la température moyenne annuelle selon les formules (G-1) à (G-3).

Le coefficient de réglage de la température pour la structure de la chaussée de référence est calculé selon les formules (G-1) et (G-2).

$$\hat{k}_{Ti} = a_i x^2 + b_i x + c_i \qquad (G-1)$$
$$x = \mu T_a + d_i \Delta T_{a,\text{mon}} \qquad (G-2)$$

Dans lesquelles :

$\hat{k}_{Ti}$—Coefficient de réglage de la température pour la structure de la chaussée de référence ; l'indice inférieur $i = 1$ est correspondant à l'analyse de la fissuration de fatigue de la couche aux liants bitumineux, $i = 2$ est correspondant à l'analyse de la fissuration de fatigue de la couche stabilisée aux liants inorganiques, $i = 3$ est correspondant à l'analyse de la déformation de compression verticale de la partie supérieure de la plate-forme ;

μT_a—Température moyenne annuelle dans la région où se trouve le projet (℃) ;

$\Delta T_{a,\text{mon}}$—Différence limite annuelle de température moyenne mensuelle dans la zone où se trouve le projet (℃), il s'agit d'une différence de température moyenne du mois le plus chaud et du mois le plus froid ;

a, b, c, d—Coefficients de régression relatif aux indicateurs de vérification, la valeur est prise selon le tableau G-1.

Tableau G-1 Prise de valeur de coefficient de régression

Indicateur de conception	a	b	c	d
Déformation de traction au fond de la couche en mélanges bitumineux, Contrainte de traction au fond de la couche stabilisée aux liants inorganiques	0,000 6	0,027	0,71	0,05
Déformation de compression verticale de la partie supérieure de la plate-forme	0,001 3	0,003	0,73	0,08

La température équivalente de référence est calculé selon la formule (G-3).
$$T_\xi = 1,04 \mu T_a + 0,22 \Delta T_{a,\text{mon}} \qquad (G-3)$$

Dans la formule, les significations des symboles sont identiques aux formules (G-1) et (G-2).